エネルギー業界の

業界の

DISRUPTIVE INNOVATIONS
IN THE ENERGY INDUSTRY

破壊的
イノベーション

野村総合研究所 滝 雄二朗／佐藤仁人／前田一樹／向井 肇

エネルギーフォーラム

はじめに

2011 年の東日本大震災以降、日本のエネルギーシステムは大きく変化した。発電事業領域では、原子力発電所が停止し、再生可能エネルギーを拡大するために固定価格買取制度が導入された。その結果、国内外の事業者が日本国内での再生可能エネルギー事業に参入した。また、エネルギーの小売事業領域では、電力小売事業およびガス小売事業が全面自由化され、ここでも新規参入者が増加した。

　一方で国外に目を向けると、欧米諸国を中心に再生可能エネルギーの増加に伴い、分散電源を中心としたエネルギーの供給体制への変化、すなわち「エネルギーシステムの分散化」が進みつつある。さらに、エネルギー販売領域では、種々のサービスが統合され、ひとつのサービスとして提供される動き、もしくは単一の事業者が複数のサービスラインナップ（統合されたサービス含む）を持ち、ワンストップで需要家に提供していく動き、すなわち「エネルギーサービスのワンストップ化」が進みつつある。

　「エネルギーシステムの分散化」は、従来の集中型の大型発電設備からの電力供給ではなく、需要家が自ら発電設備を保有し、需要家同士で電気の売り買いを実施する、いわゆる P2P（Peer to Peer）の電力取引にもつながっていく動きである。欧米の大手電力会社である E.ON 社や Con Edison 社は、すでに「エネルギーシステムの分散化」への対応を始めている。

　また、「エネルギーサービスのワンストップ化」の進展に伴い、従来のエネルギー供給事業者に限らない幅広いプレーヤーがエネルギーの領域で価値提供を行う機会を獲得することになる。具体的には、BESS（Battery Energy Storage System：蓄電池システム）や EV（Electric Vehicle：電気自動車）、ICT 技術のエネルギーシステムにおける重要性が増し、これらを提供するプレーヤーの事業機会が拡大することになる。エネルギーシステムの規制緩和が進むことも、新たなプレーヤーの事業機会拡大に大きく寄与することが想定される。

　こうした動きは、従来のエネルギー供給システムにとっては Disruptive（破壊的）な変化となる可能性があるが、一方でまったく新しいシステム

図1　本書の構成

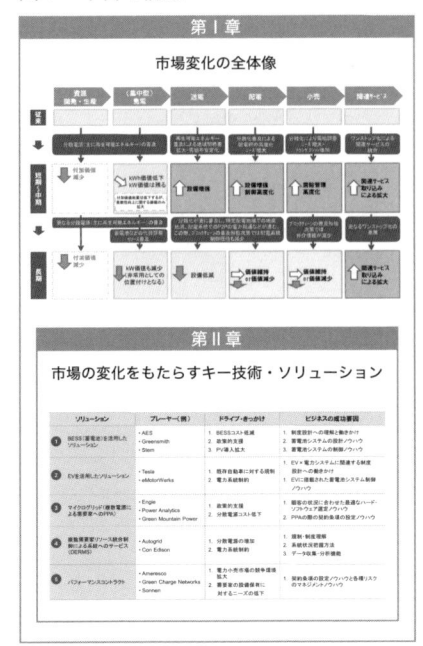

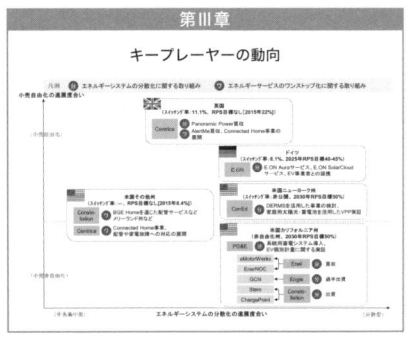

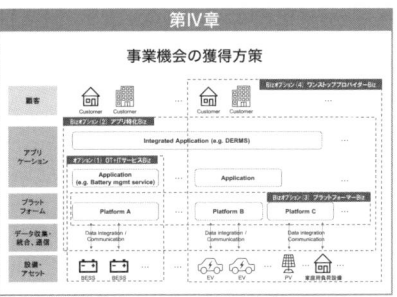

出所）野村総合研究所

が構築される Innovative（革新的）な側面も有している。

　そこで、本書では、「エネルギーシステムの分散化」と「エネルギーサービスのワンストップ化」という2つの大きな変化によって、「エネルギー業界が今後、どのように変化していくのか」、「その変化のなかで、どのような事業機会が生まれるのか」といった点を描き出す。

　図1に本書の構成を示す。まず、第Ⅰ章では、市場変化の全体像を把握する。そのうえで第Ⅱ章では、市場の変化をもたらすキー技術・ソリューションに注目する。第Ⅲ章では、市場の変化やキーとなる技術・ソリューションを踏まえたうえで、欧米のエネルギー業界のキープレーヤーの動向を把握する。最終章である第Ⅳ章では、第Ⅰ章から第Ⅲ章の総括として、事業機会の獲得方策を述べる。

なお、本文中に［　］書きで記した番号は、参照文献を指しており、これらについては最後に一覧として挙げた。

　第Ⅰ章では、「エネルギーシステムの分散化」と「エネルギーサービスのワンストップ化」の概要、その変化が起こる背景に注目しつつ、結果としてエネルギーバリューチェーンの付加価値の分布が、どのように変化するかを述べる。ここでは、図2にあるように、「エネルギーシステムの分散化」により、バリューチェーンの川上領域である発電事業の付加価値が低下し、川下領域である配電、小売、関連サービス領域の付加価値が増加する背景を述べる。また、関連サービス領域の付加価値が増加する背景として「エネルギーサービスのワンストップ化」にも触れる。

　第Ⅱ章では、エネルギー業界の変化をもたらすキー技術・ソリューションに注目し、欧米を中心にすでに顕在化しつつあるソリューションの萌芽と具体的なビジネスモデルの事例を取り上げる。表1にあるように、①BESS（Battery Energy Storage System：蓄電池システム）、②EV（Electric Vehicle：電気自動車）、③マイクログリッド、④VPP（Virtual Power

図2　エネルギーバリューチェーンの付加価値分布の変化

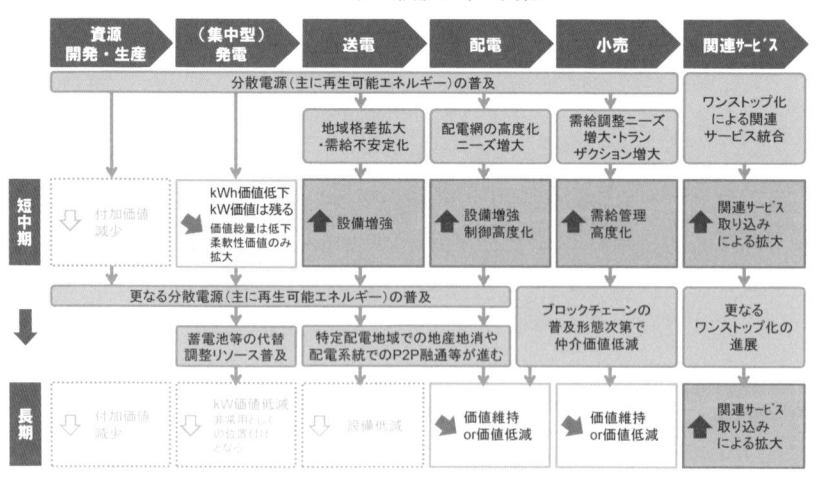

表1　エネルギー業界に変化をもたらすエネルギーソリューションの全体像

ソリューション	プレーヤー（例）	ドライブ・きっかけ	ビジネスの成功要因
① BESS（蓄電池）を活用したソリューション	• AES • Greensmith • Stem	1. BESSコスト低減 2. 政策的支援 3. PV導入拡大	1. 制度設計への理解と働きかけ 2. 蓄電池システムの設計ノウハウ 3. 蓄電池システムの制御ノウハウ
② EVを活用したソリューション	• Tesla • eMotorWerks	1. 既存自動車に対する規制 2. 電力系統制約	1. EV×電力システムに関連する制度設計への働きかけ 1. EVに搭載された蓄電池システム制御ノウハウ
③ マイクログリッド（複数電源による需要家へのPPA）	• Engie • Power Analytics • Green Mountain Power	1. 政策的支援 2. 分散電源コスト低下	1. 顧客の状況に合わせた最適なハード・ソフトウェア選定ノウハウ 2. PPAの際の契約条項の設定ノウハウ
④ 複数需要家リソース統合制御による系統へのサービス（DERMS）	• Autogrid • Con Edison	1. 分散電源の増加 2. 電力系統制約	1. 規制・制度理解 2. 系統状況把握方法 3. データ収集・分析機能
⑤ パフォーマンスコントラクト	• Ameresco • Green Charge Networks • Sonnen	1. 電力小売市場の競争環境拡大 2. 需要家の設備保有に対するニーズの低下	1. 契約条項の設定ノウハウと各種リスクのマネジメントノウハウ

出所）野村総合研究所

Plant：仮想発電所）を制御するシステムとしての DERMS（Distributed Energy Resource Management System：分散電源制御システム）、⑤パフォーマンスコントラクトなどのソリューションのテーマに関して、導入背景やキープレーヤー、ビジネスの成功要因、今後の見通しについて触れる。

　第III章では、既存の欧米の大手エネルギー事業者がエネルギーシステム・サービスの変化に対して、どのような取り組みを行っているのかに注目し、業界変化への対応策に関する示唆を得る。図3で示すように、「エネルギーシステムの分散化」と「エネルギーサービスのワンストップ化」の進展度合いは、国・地域によって多様であり、結果として、そこで事業展開するエネルギー事業者の動向にも違いが見られる。そのため、エネルギーシステムの変化が進展する欧米の各国・地域について市場環境を概観しつつ、そこで事業展開する大手エネルギー事業者の取り組みを紹介する。

　第IV章では、第I章から第III章の総括として、事業機会の獲得方策を述べる。具体的には、エネルギー業界の変化に伴って発生する事業機会

図3　欧米各国における大手エネルギー事業者の取り組み

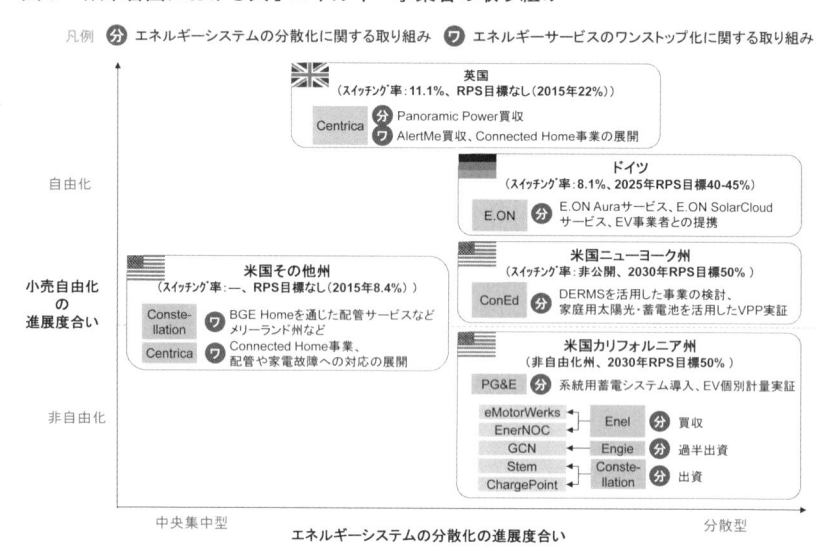

出所) 野村総合研究所

とその発生タイミング、および事業機会を獲得するために留意すべきポイントを取り上げる。特に「エネルギーシステムの分散化」と「エネルギーサービスのワンストップ化」に欠かすことのできない ICT 技術の視点から見た際のビジネスモデルの類型化を行う（図4）。

　「エネルギーシステムの分散化」および「エネルギーサービスのワンストップ化」は、これまでの業界の前提を覆し得るという点で、エネルギー業界に非連続的な変化をもたらす可能性がある。

　「エネルギーシステムの分散化」は、これまで一方的にエネルギー供給を受ける「消費者」の立場だった需要家が自らエネルギーの「供給者」となれる環境が整いつつあることを意味する。事実、太陽光発電を保有する需要家が余剰電力をコミュニティ内で融通し合うモデルが登場してきている。この点、エネルギー業界は、「インフラ民主化」の時代を迎えている

図4　ビジネスモデルの類型化

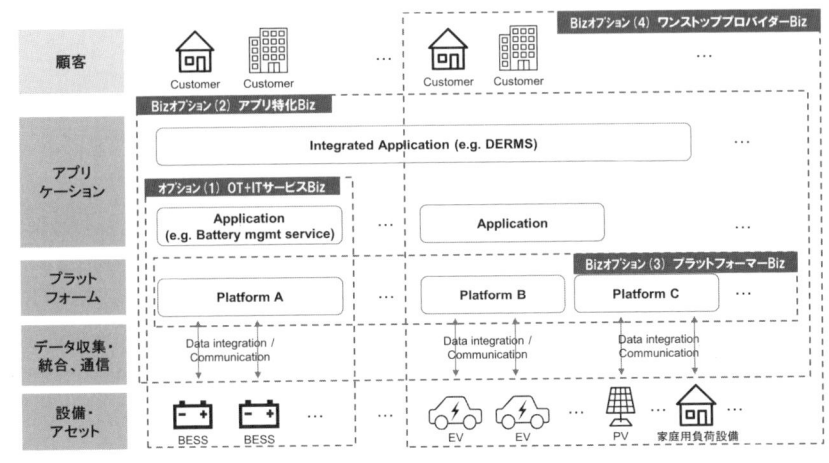

出所) 野村総合研究所

　といえるだろう。

　「インフラ民主化」時代においては、顧客ニーズの多様化が進む。ここでは、顧客とのインターフェイスを保有する事業者が他者リソースも活用しつつ、顧客ニーズの充足を支援するようになる。すなわち、「エネルギーサービスのワンストップ化」が進展することとなる。

　本書では、こうした「エネルギーシステムの分散化」および「エネルギーサービスのワンストップ化」の進展が顕著な電力システムを中心に、業界に非連続的な変化をもたらす可能性がある動向に着目している。読者が本書を通じて、エネルギー業界に今後起こる変化を把握し、新たなエネルギーシステムにおける事業機会の見極めや、事業戦略の立案に活用いただければ幸いである。

エネルギー業界の破壊的イノベーション

目次

第 I 章

エネルギー業界の将来像：

〜エネルギー業界に起こる大きな変化とは?〜

I-1. エネルギー業界変革潮流①：
エネルギーシステムの分散化

I-1-1. エネルギーシステムの分散化とは

エネルギーシステムは現在、従来の中央集中的なものから、再生可能エネルギーをはじめとする分散型に移行していく流れにある。特に近年は、世界中で太陽光発電などの再生可能エネルギーが普及拡大してきている。各国政府は、脱炭素化政策を掲げ、再生可能エネルギーの導入拡大を推進してきた。

2015 年に採択されたパリ協定は、2020 年以降の地球温暖化対策の方向性を定めた。その後、2017 年に米国がパリ協定から離脱する方針を発表したが、主要国の多くは、低炭素社会実現に向けた政府目標を設定している。日本も、2016 年に「地球温暖化対策計画」を閣議決定し、「2030 年度までに 2013 年度比で、温室効果ガスの排出を 26％削減」、「2050 年度までに 80％削減」という目標を掲げている。

各国が自ら掲げた目標に沿って低炭素社会を実現するなかで、省エネルギーや再生可能エネルギーの活用が進んでいる。再生可能エネルギーの増加に伴い、火力発電所や原子力発電所などへの依存度が低下してきており、特に先進国では、太陽光発電システムや風力発電システムの導入量拡大が著しい。その一方で、火力発電所は、設備容量・発電量ともに減少してきている。

ドイツでは、発電量に占める再生可能エネルギーの割合が 1998 年の 5％から、2015 年には 30.1％まで拡大している（図 5）。ドイツで起こっている状況は、米国のカリフォルニア州などの他の先進国においても顕在化している。

従来の大型火力発電所や原子力発電所は、1 施設あたりの発電容量が数百から数千 MW にも及び、数千・数万といった多数の需要家が必要とす

図5　ドイツにおける発電量の推移

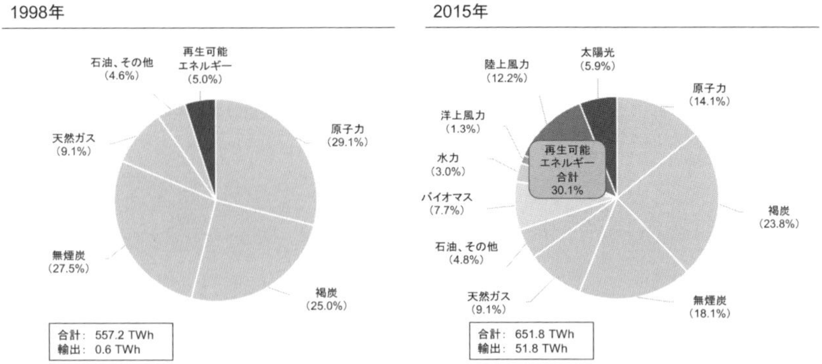

1998年

石油、その他
(4.6%)
再生可能
エネルギー
(5.0%)
天然ガス
(9.1%)
原子力
(29.1%)
無煙炭
(27.5%)
褐炭
(25.0%)

合計：557.2 TWh
輸出：0.6 TWh

2015年

陸上風力
(12.2%)
太陽光
(5.9%)
原子力
(14.1%)
洋上風力
(1.3%)
水力
(3.0%)
再生可能
エネルギー
合計
30.1%
褐炭
(23.8%)
バイオマス
(7.7%)
石油、その他
(4.8%)
天然ガス
(9.1%)
無煙炭
(18.1%)

合計：651.8 TWh
輸出：51.8 TWh

出所）AG Energiebilanzen August 2015; 1) Gross Electricity Generationをもとに野村総合研究所作成

る電力を供給することができる。また、これらの発電所は超高圧の送電線に接続されて、数十から数百kmも彼方の需要家へと送配電網によって運ばれている。

　一方、太陽光発電システムは、大きいものでも数十〜数百MW程度であり、導入件数で最も多い家庭用のシステムは数kW程度である。また、風力発電システムについても、数MWからたかだか数百MWクラスである。これらの発電システムは、各地に分散し、比較的低圧帯の送配電線に接続されることが多い。こうしたことを踏まえると、従来型の火力発電所などが減少し、太陽光発電システムや風力発電システムが普及してきていることで、電力システムは、中央集中型から分散型へ変化してきているといえる。

　ある家庭を例にとって考えてみる。これまで、都会に住む家庭は、電力会社によって数十〜数百キロも離れた大型の火力発電所や原子力発電所で発電され、はるばる送配電線によって運ばれてきた電気を購入するしかなかった。しかし現在は、自宅の屋根に太陽光発電システムを設置することで、自ら発電した電気を使用することができる。この例が示すように、誰もがエネルギーを生産し、利用することができるようになってきていると

いえる。

　分散型の発電設備が普及拡大してきたことで、昨今、VPP や DERMS という概念が注目を集めている。再生可能エネルギーが拡大するドイツでは、VPP がすでに事業として成立しており、複数の事業者が DER（Distributed Energy Resources：分散型発電）を束ねて電力取引市場に電力を販売している。

　VPP とは、「DER」と呼ばれる、エンジン発電機やタービン発電機などの自家発電設備、太陽光発電などの再生可能エネルギー、定置用蓄電池システム、EV などの分散化された設備を集約して、あたかも大きな発電所のように運用することで、電力取引市場に電力を供給したり、需要家に対して電力を販売したりするビジネスである。VPP は、DER を束ねて制御するため、VPP を制御するシステムとして DERMS という概念も存在している。

　さらに近年、ブロックチェーン技術を活用した分散型エネルギーシステムの確立に向けた検討が始まっている。この取り組みが進むことで、将来、電力システムは、物理的なシステムの分散化のみでなく、契約・取引の形態についても分散化が進む可能性がある。

　具体的には、図6にあるように、今後、ブロックチェーン技術が発展していくことで、エネルギー事業者（電力会社）が各需要家と契約を結び、サービスを提供するという中央集権的な取引形態から、各需要家同士がサービスを提供し合うといった分散型の P2P の取引形態に移行していくことが想定される。例えば、米国ニューヨーク州では、太陽光発電設備を保有する住宅オーナーが隣接した住宅に対して、仮想的に太陽光発電の余剰電力を売買する実証試験が始まっている。余剰電力の売買記録は、ブロックチェーン技術によって運用されている。

　分散化の流れは、電力利用に限ったものではない。モビリティも分散型システムに置き換えられていく流れにある。従来、大半の自動車は、ガソリンを燃料としていた。ガソリン燃料は、石油の採掘・精製・輸送に関わ

図6　P2P の取引形態のイメージ

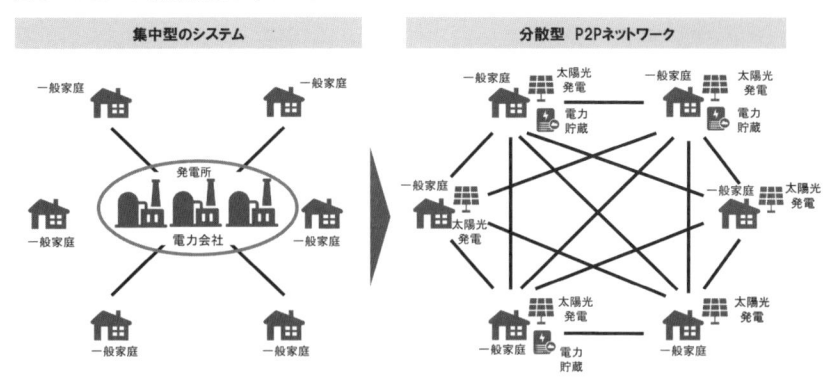

出所）野村総合研究所

る大規模施設（マイニングサイト、リファイナリー、パイプラインなど）
を必要とするものであり、中央集中型システムに依拠する燃料であったと
いえる。

　しかし現在、PHV や EV といった電気を燃料とする自動車が普及しつ
つある。これらの新型自動車で用いられる燃料（電気）は、従来の中央集
中型システムから提供を受けることもできる。だが、燃料が必要な需要点
において、太陽光発電や風力発電により電気を製造し、自動車に供給をす
るシステムが積極的に検討されている。具体的には、各家庭の駐車場に太
陽光発電システムを置き、そこで発電した電気を、そのまま自動車に充電
する仕組みなどが考えられている。

　このように、エネルギーシステムが分散化することで、これまでの電力
システムの付加価値構造が大きく変化し、同時に新たな事業機会が顕在化
する。この変化は、先進国を中心にすでに始まっており、関連する事業者
は対応を検討する必要がある。図7にエネルギーシステムの分散化のイメ
ージを示す。

図7　エネルギーシステムの分散化のイメージ

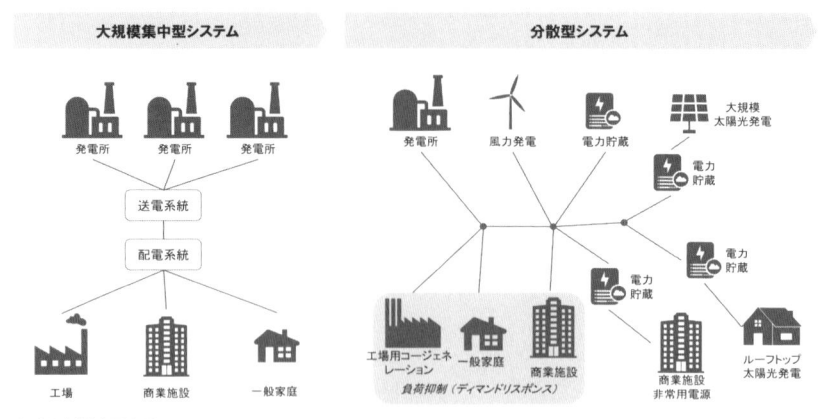

出所）野村総合研究所

I-1-2. エネルギーシステムの分散化が起こる背景

I-1-2-1. エネルギーシステム分散化の構造的背景

　エネルギーシステムの分散化が起こる背景には、技術の進展がある。具体的には、再生可能エネルギー関連技術の進展により、分散型システムの発電コストが大幅に低減したこと、ICT 技術・蓄電技術の進展により分散型システムを成立させる需給調整機能が実現可能となったことが挙げられる。さらに、ブロックチェーン技術の進展により、今後、「取引の分散化」も起こり得る。

　歴史を振り返ると、電力システムは、その黎明期には分散型のシステムであった。トーマス・エジソンは、1882 年にニューヨークにおいて、59カ所・約 1000 個の白熱灯を灯す電力システムを構築した。この電力システムは、540kW の火力発電機（6 台）を中心に、半径 1 km 程度をカバーする、30km に及ぶ低圧直流配電網であった。エジソンの低圧直流配電網は、日本の初期の電力システムにおいても採用され、1887 年（明治 20 年）には、東京電燈が直流送電による電気の一般供給を開始した。このように、

　初期の電力システムが分散型であった理由は、送配電に技術的な問題があったからである。エジソンの低圧直流配電網は送電ロスが大きく、送電可能範囲が狭いという欠点があったため、消費者（需要家）の近くに発電所がなければならなかった。

　しかし、その後、ニコラ・テスラが交流方式の送電技術を提唱し、1896年には、ナイアガラの滝に設置された水力発電機から、バッファローの工業地帯へ35km もの距離の送電を開始した。交流方式は、高い電圧を使用することで、電力損失を抑えることを可能とするものであり、これにより消費者（需要家）と発電所が近接している必要はなくなった。

　電力供給にかかるコストの主なものとして、"生産"（発電）コストと、"輸送"（送配電）コストがある。このうち輸送コストについては、分散型システムと中央集中型システムを比べると、原理的に分散型システムのほうが低い。分散型システムでは、生産地と消費地（発電地と需要地）が近接しているため、輸送を担う設備（送配電設備）が最低限で済むためである。一方、生産コストについては、従来の発電システムの場合には規模の経済が強く働き、分散型システムよりも中央集中型システムのほうが優位にある。そして、これらの主要コストの合計で見たとき、最近までの状況下では、分散型システムよりも中央集中型システムの方が優位であったといえる。そのため、前述の交流方式の送電技術が確立すると、より経済合理性の高い中央集中型システムへの転換が起きた。

　しかし、この状況は近年、再生可能エネルギー関連技術の進展により、大きく変わってきている。再生可能エネルギー関連技術の発展により、分散型システムの"生産コスト"が大きく低下し、中央集中型システムと同等か、それ以下になってきている。具体的には、太陽光発電や風力発電などの発電コストが大型火力発電所と同等か、それ以下になりつつある。

　図 8 は、IEA（International Energy Agency：国際エネルギー機関）が公表している太陽光発電と風力発電の売電価格入札の結果を示している。これによると、2020 年には、太陽光発電と風力発電の kWh あたりコ

図8　大型太陽発電と風力発電システム入札価格の推移

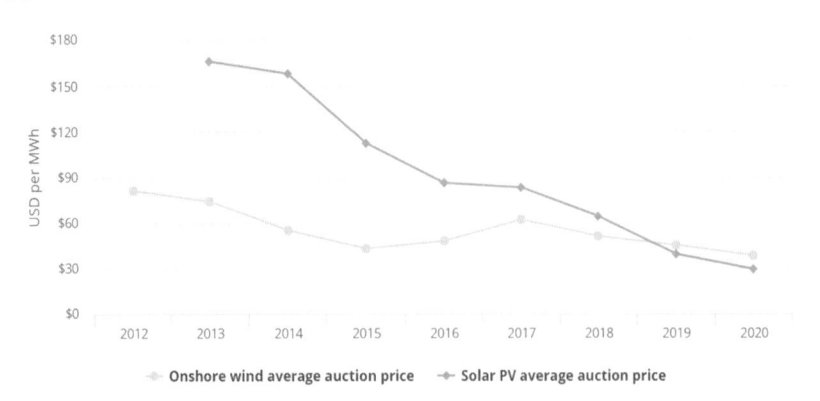

凡例: Onshore wind average auction price / Solar PV average auction price

出所）IEA

スト（入札価格）が5円程度となることが想定される。この価格水準は、一般的な大型火力発電のkWhあたりのコストを下回るものである。太陽光発電と風力発電の発電コストは、日照量や風況により変動するため、地域別で導入スピードに差異があるものの、今後さらに導入が拡大することが予想される。

　IEAは、2016年に再生可能エネルギーの全世界の発電量がガス発電を上回ったと発表している。再生可能エネルギーによる発電量の増加が続けば、2020年代には、石炭発電の発電量を上回ることも考えられる（図9）。

　この結果、前述の生産コストと輸送コストの総和の点で、分散型システムのほうが優位となってきており、電力システムは、中央集中型システムから、再び分散型システムへ転換しつつある。

　分散型システムの転換が実現しつつある背景には、ICT技術と蓄電池関連技術の発達も大きく寄与している。ICT技術と蓄電池関連技術により、太陽光発電や風力発電などを中心とした分散型システムの出力変動を緩和することが可能となる。さらに蓄電池のコストが大幅に低減してきていることで、分散型システムを実現するための需給調整機能が実現可能となり

図9　世界の燃料（石炭・天然ガス・再生可能エネルギー）別発電量推移

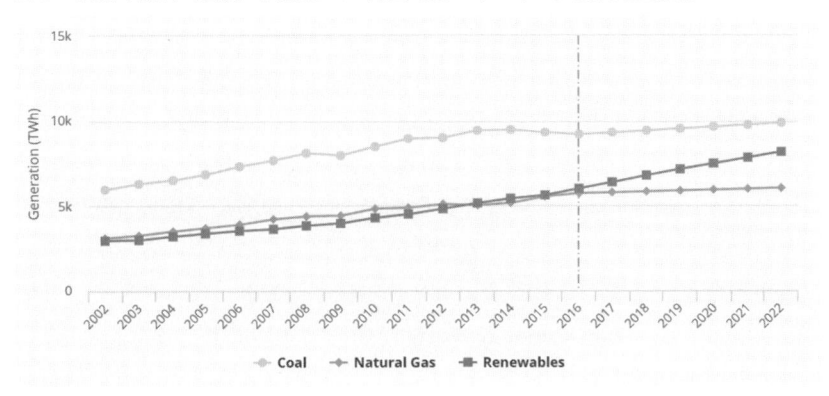

出所）IEA

つつある。

　電力システムでは、システム全体の需要量と供給量（発電量）を常に一致させる必要がある。需要量が発電量を超過すれば周波数は低下し、逆に発電量が需要量を超過すれば周波数は上昇する。いずれの場合も、最悪の場合停電に結びついてしまう。中央集中型のシステムでは、電力会社の専門チームが専門性・経験をもとに電力の需給予測を行い、適切な設備投資計画や設備運転計画を立ててきた。そして、主に石油・ガス火力発電所や揚水発電所などの大型の発電設備が需要に合わせて柔軟に出力を変動させることで、日々の需給調整を行ってきた。従来、これらの需給調整を分散型システムで実現することは困難であった。なぜなら、分散化された細かな単位での需給予測・計画策定を行うには、多くの労力を要し、それだけの専門チームを電力会社が確保することが必要になるためである。また、太陽光発電や風力発電のように出力が天候などに依存する電源を中心にしたシステムにおける需給予測を行うことは非常に難しい。これらの電源は、柔軟な出力の調整も難しく、かつ出力の変動が大きいため、日々の需給調整が非常に困難になるのである。

　しかし近年は、ICT技術の発展により、需給予測が自動化され、多く

の専門人員を抱える必要がなくなってきている。また、過去の発電所の運転データや天候などの諸条件に関するデータの蓄積と、その分析（いわゆる「ビックデータ分析」）技術の向上により、太陽光発電や風力発電の出力の予測精度が向上してきている。これらにより、より簡易に正確な需給予測・計画策定が可能となってきている。さらに、ICT 技術により、供給（発電）側のみを制御するのではなく、需要側をより簡易かつ正確に制御すること（ディマンドリスポンス）もできるようになってきている。

　蓄電池技術が発展し、蓄電池のコストが低下してきていることも、分散型システムにおける需給調整機能の性能向上、価格低減に寄与している。大量の蓄電池が導入されれば、太陽光発電や風力発電などの出力変動が大きい電源が中心になった場合でも、需要と供給を一致させることが容易になる。これまでの蓄電池の価格水準では、大量の蓄電池を導入することは現実的ではなかった。ところが、図 10 に示すとおり、近年、蓄電池のコ

図 10　蓄電池システムの価格低減の推移

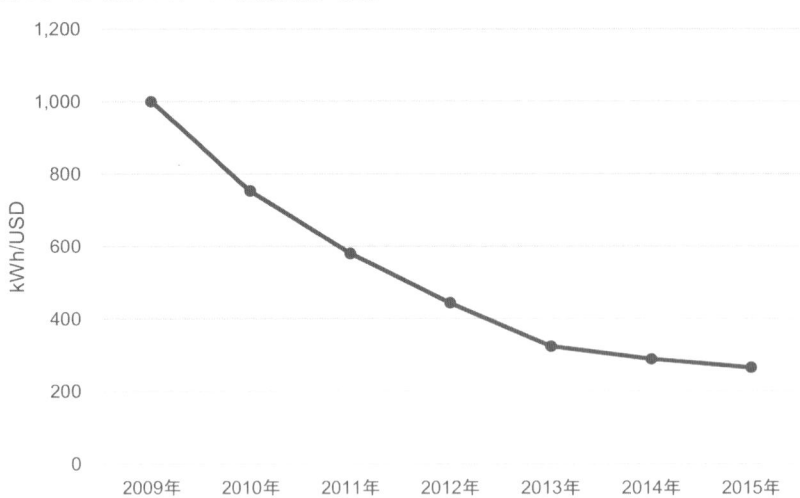

　※　コストは、電気自動車向けリチウムイオン蓄電池のパックコスト

出所）　DOE、IEA資料をもとに野村総合研究所作成

図11　電力システムの変化の推移

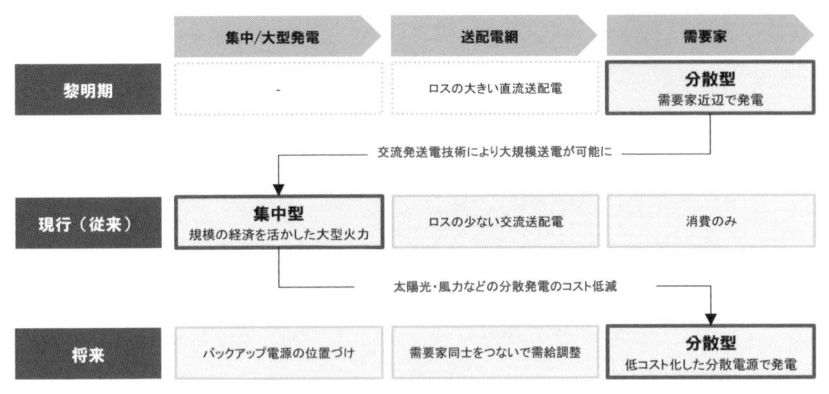

出所）野村総合研究所

ストは大幅に低下してきている。これにより、蓄電池が需給調整機能を担う形で、太陽光発電や風力発電を中心とした分散型システムを構築することが現実的になってきている。

　図11は、これまで述べてきた電力システムの変化を簡易に示したものである。今後は、再生可能エネルギー関連技術の進展により、分散型システムの発電コストが大幅に低減し、かつICT技術・蓄電池技術の進展により分散型システムを成立させる需給調整機能が実現可能となったことで、分散型エネルギーシステムへの転換が起こることが想定される。

I-1-2-2. 他業界に見る分散化

　前項で見てきたように、電力システムは、主に技術的な制約要件やコスト削減の進展に応じて、分散型から中央集中型に、そして、中央集中型から分散型に向かう流れにあった。このような「中央集中型」と「分散型」の関係は、エネルギーシステムに限らず、業界の壁を越えた普遍的なものであるといえる。すなわち、あるサービスを提供するシステムが「中央集中であるべきか、分散であるべきか」という問いに対する答えは、その時々の社会において実現可能な技術の特性（特に費用対効果）によって決まる。

近年、多くのサービスが分散型に向かっている背景として、ICT 技術、特に「IoT」と呼ばれる技術の発展を挙げることができる。これらの技術によって、分散システムにおける生産・輸送・管理などのコスト低減が可能になってきており、さまざまなサービスの分散化が進んできているといえる。例えば、分散システムの要となるセンサーや通信に関わるコストは、大幅に低下してきており、これにより多くの設備機器がネットワークにつながってきている。世界のセンサー・ネットワークは、2003 年から 2015 年にかけて 5 億台から 250 億台にまで急拡大し、今後 2020 年には 500 億台にまで達すると予測されている [1]。また、著しい進歩をみせる AI（Artificial Intelligence：人工知能）を活用することで、分散化システムを実現するうえで必要な情報の管理・分析が、より高度でかつ安価に提供されることも想定される。2015 年には、AI を活用した画像認識技術が人間の誤差率を下回ったことから、自動運転などへの利用は、AI のほうが高度に実施できることが科学的に検証された。このように今後、データ収集技術や分析技術が一段と低コストかつ高精度になることで、電力システムのみならず、さまざまな業界において IoT 関連技術の活用が広がり、分散化の流れが加速することが想定される。

コラム：分散化エネルギーシステムの行き着く先

　本節では、中央集中型のエネルギー供給システムが VPP に代表される分散型エネルギーシステムに転換しつつあること、およびその背景にある技術の進展を述べた。今後の技術進展などにより、将来の分散型エネルギーシステムは、さらなる転換を遂げる可能性も想定される。そのなかで注目されるコンセプトとして「ディスアグリゲーション」を取り上げる。

　ディスアグリゲーションは、需要家単位の「分散化」から、機器単位の「分散化」を意味する。具体的には、需要家単位のエネルギー契約、使用状況の把握・制御から、機器単位のエネルギー契約、使用状況の把握・制御に変わる。

機器ごとのエネルギーデータの取得・利用が可能になることで、①機器ごとのエネルギー契約・決済・精算（使った分のみ課金されるなど）、②電気利用データ活用の高度化（マーケティング活用、保険査定の高度化など）などが可能となる。

　EV の普及は、ディスアグリゲーションに向けた動きを加速させる可能性がある。EV は、電力システムの大原則である一地点一需要点を崩し得る商材である。すでに日本国内においても需要家サイドにおける設備機器の個別計測に関する検討が進められているが、今後、電力システムの中で EV を本格的に活用しようとすると、リソース単位（EV 単位）での個別制御・評価が必要になり得る。EV の個別制御・評価は、技術的なハードル以上に、電力システムのあり方そのものを変える大きな変更が必要であるという意味で、制度・仕組み上のハードルが高く、実現に向けた課題は多い。しかし、今後の EV の普及次第では、その課題にチャレンジする労力を正当化し得るほどの大きな影響を持つリソースとなり得る。

　IoT やブロックチェーン技術の進展も、ディスアグリゲーションに向けた動きを加速させる可能性がある。今後、ディスアグリゲーションの進展により、エネルギーシステムの分散化がさらに加速する可能性も想定される。

I-2. エネルギー業界変革潮流②：
エネルギーサービスのワンストップ化

I-2-1. エネルギーサービスのワンストップ化とは

　現在、多くの事業者によって、エネルギー関連の種々のサービスが提供されている。表 2 に、需要家に対して提供されているエネルギー関連サービスの一例を示す。

　近年、これらの種々のサービスが統合され、単一のサービスとして提供をされる動き、もしくは単一の事業者が複数のサービスラインナップ（統

表2　需要家向けのエネルギーサービス

サービス名	概要
電力・ガス小売	需要家（工業・商業施設、大学、地域、配電系統）に対して、電力やガス（都市ガス、LPGなど）を供給する。
熱供給	需要家に対して、熱を供給する。
エネルギー調達コンサルティング	需要家のエネルギー単価を削減するために、エネルギー調達のアドバイス、計画策定、エネルギー会社との調達交渉のサポートなどを行う。
省エネルギーコンサルティング	需要家のエネルギー消費量を削減するためのアドバイス、計画策定などを行う。
カーボンマネジメント	需要家が排出する温室効果ガスを削減するためのアドバイス、計画策定、報告書作成などを行う。
CHP（Combined Heat and Power：コージェネレーション設備）などを活用したオンサイト発電	需要家にCHPなどの自家発電設備、もしくは自家発電設備＋EPC（設計・調達・建設）＋ファイナンス＋O&M（運用と保守）＋燃料調達を提供し、発電した電力を需要家もしくは電力会社に販売する。
DR（Demand Response：ディマンドリスポンス）	需要家の需要を制御することで、電力単価が高い時間帯の電力消費量削減、基本料金（demand charge）の削減を実現し、電気代を減少させる。または電力系統機関に対してピークカット（ネガワット）・調整力を提供し収益を獲得する。
屋根借りによる太陽光発電サービス	需要家に太陽光発電、もしくは太陽光発電＋EPC＋ファイナンスを提供し、発電した電力を需要家もしくは電力会社に販売する。
中小型蓄電池による需要家向け	需要家に蓄電池もしくは蓄電池＋EPC＋ファイナンス＋O&Mをセットで提供し、需要家の基本料金（demand charge）を低減する、もしくは電力系統向けにサービスを実施する。
EV関連サービス	EV保有者向けにEVの電気料金を削減するサービスを実施する。EVを活用し、電力系統向けサービスを実施する場合もある。
マイクログリッド	需要家の負荷、発電機、再生可能エネルギー、蓄電システムを制御し、需要家の電気料金削減やインセンティブ獲得を実現する。
ESPC（Energy Saving Performance Contract：省エネ性能契約）	省エネルギーに関するパフォーマンスコントラクト。省エネルギー診断、設計・施工、運転・維持管理、資金調達などのサービスを包括的に提供し、省エネルギー効果の保証を含むパフォーマンス契約を締結する。

出所）野村総合研究所

合されたサービス含む）を持ち、ワンストップで需要家に提供していく動きが各地において鮮明になってきている。具体的には、電力会社やガス会社が電気とガスをセットで販売する動きから、それらのエネルギー供給会社がDR（Demand Response：ディマンドリスポンス）や省エネルギーコンサル、カーボンマネジメントなどの各種エネルギーソリューションまで

を束ねて需要家に供給する動きまで、エネルギー関連サービスの統合化・ワンストップ化が起こってきている。

このワンストップ化の流れのなかで、独立的にサービスを提供していた事業者同士が提携・統合したり、互いに棲み分けがなされていた事業領域の垣根がなくなりつつある。図12に、主に欧米市場において広がりつつある各種ソリューションの変遷を示す。

例えば、日本では、電力・ガスの小売自由化以降、ガス会社が電気を販売し、電力会社がガスを販売する動きが活発化している。エネルギー市場の自由化に先行する欧米市場では、このような電気・ガスといったエネルギー種の垣根を越えたサービス提供はすでに一般的なものとなっている。さらに近年では、オイル＆ガスに関連する企業が再生可能エネルギーに投資するなどの動きも見られる。例えば、フランスの Total 社は、米国太陽光発電事業者大手の SunPower 社に出資している。これらの動向も総合エネルギーサービス化の流れといえる。

また、エネルギーサービスの統合化・ワンストップ化の動きの証左とし

図12　時間軸で見たエネルギーソリューションの広がり

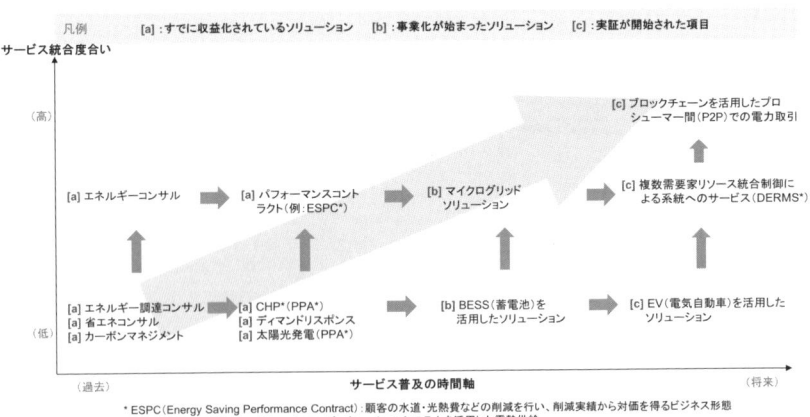

＊ ESPC（Energy Saving Performance Contract）：顧客の水道・光熱費などの削減を行い、削減実績から対価を得るビジネス形態
＊ CHP（Combined Heat and Power）：コージェネレーションシステムを活用した電熱供給
＊ PPA（Power Purchase Agreement）：電力売買契約、分散電源から発電された電力をkWhあたりの単価で売買する契約
＊ DERMS（Distributed Energy Resource Management Systems）：分散型電源管理システム

出所）野村総合研究所

て、多くの DR アグリゲーターをはじめとするソリューションプロバイダーが、大手エネルギー事業者に買収される動きが目立つ。表3は、エネルギー供給事業者によるソリューションプロバイダーの買収・出資事例である。

2017年に、DR業界の老舗で最大手の EnerNOC 社が Enel 社に買収されたのは、シンボリックなものであった。EnerNOC 社をはじめ、DR は従来、独立系の事業者がサービスを提供するケースが主流であった。しかし、エネルギー供給事業者が、これらの独立系の DR アグリゲーターを買収して、DR を自社のサービスラインアップに加える動きが多く見られる。これらの大手事業者は、DR を需要家に入り込むためのドアノック商材としたり、顧客サービス・差別化機能のひとつとして位置づけている。

このエネルギーサービスの統合化・ワンストップ化の動きが従来のエネルギー業界にとって Disruptive（破壊的）となり得るのは、この潮流がエネルギー業界・エネルギーサービスのみに留まるものではない点にある。

表3　エネルギー供給事業者によるソリューションプロバイダーの買収・出資事例

ソリューション	ソリューションプロバイダー	買収動向など
DR	CPower（米国）	2010年9月に米国エネルギー供給事業者 Baltimore Gas & Electric 社が買収。
	Energy Curtailment Specialists（現 NRG Curtailment Solutions）（米国）	2013年9月に米国エネルギー供給事業者 NRG 社が買収。
	Kiwi Power（英国）	2015年7月にフランス大手エネルギー供給事業者 Engie 社が買収。
	EnerNOC（米国）	2017年6月にイタリア大手エネルギー供給事業者 Enel 社が買収。
EV・EV充電システム	EV-Box（オランダ）	2017年3月にフランス大手エネルギー供給事業者 Engie 社が買収。
	eMotorWerks（米国）	2017年10月にイタリア大手エネルギー供給事業者 Enel 社が買収。
蓄電池・省エネルギー	Panoramic Power（イタリア）	2015年11月に英国大手エネルギー供給事業者 Centrica 社が買収。
	Green Charge Networks（米国）	2016年5月にフランス大手エネルギー供給事業者 Engie 社が過半出資。

出所）野村総合研究所

サービス統合化・ワンストップ化の流れは、種々の周辺サービス・業界を取り込んで、大きなうねりとなって動き出している。そのため、エネルギー業界のプレーヤーにとって、この動きは、他の周辺領域のサービスを取り込む機会であるとともに、他のサービスからの侵食を受ける脅威ともなり得る。

　エネルギーサービスと、それ以外のサービスへのワンストップ化に向けた動きは、家庭部門において顕著である。家庭部門では、エネルギー関連のサービス（電力・ガスの供給、省エネルギーサービス、DR サービスなど）に加えて、通信関連サービス（インターネット、電話、テレビ）やホームセキュリティサービスなど、種々のサービスがワンストップ化の対象として考えられている。また今後は、IoT の進展なども手伝って、ホームオートメーション関連サービスが普及することが見通されており、これらのサービスも含めたワンストップサービスの提供が行われることが想定される。

　この家庭へのワンストップサービスにおいては、各種サービスを束ねて、制御する頭脳部分を担う「ホームエージェント」機能を獲得した事業者が高い付加価値を獲得できることが想定される。そのため、エネルギー関連事業者を含む各業界のプレーヤーは、自社の強みを活かしながら、ワンストップサービス提供に向けた試みを進めている。

　表4に、エネルギー業界以外を含む各業界の事業者が、エネルギーサービスとそれ以外を組み合わせて展開している主な事例を示す。

　国内では、先に述べたように小売自由化を契機として、エネルギー供給事業者が電力とガスのセット販売を開始している。また、通信事業者やケーブルテレビ（CATV）事業者が電力小売事業に参入し、通信やケーブルテレビの契約と電力のセット販売を行っている。彼らは、本業のサービスでの顧客基盤を強みにしつつ、サービスの統合化により顧客の囲い込みを行っている。

　一方で、エネルギーサービスにおいてキーとなるリソースを軸にサー

ビスを展開しているのが、パナソニックなどの総合電機メーカーである。彼らは、蓄電池や太陽光発電システム、HEMS（Home Energy Management System：家庭向けエネルギー管理システム）などの製品を通じて、エネルギー関連のサービスを展開している。

海外では、ホームセキュリティを手掛ける警備会社がエネルギーサービスを展開する例も見られる。米国の警備会社である Alarm.com 社は、祖業である警備から派生して、家庭の状況を遠隔で確認できるホームオートメーション事業やエネルギーサービス事業を展開している。

今後は、EV の普及に伴って、上記の分野に加えて運輸部門も含めた統合が想定される。自動車に関わる種々のサービスがエネルギー供給を含む各種サービスと統合していくことも考えられる。例えば、将来的には、EV に対する電力供給と、自動運転サービスや自動車保険サービスなどが一体化して提供されることが見込まれる。さらに、自動車のシェアリングサービスが一層普及していくことで、自動車自体もサービスの中に取り込まれていくものと思われる。

これらの流れが連動しながら進むことで、将来的に運輸部門のエネルギー供給は、As a service（サービスとして）化した輸送サービスの中に完

表4　エネルギーサービス取り込みの主な動き

事業者業種	概要
通信事業者・ケーブルテレビ（CATV）事業者	国内では、家庭顧客へのチャネルを強みにして、KDDI などの通信事業者やジュピターテレコムなどの CATV 事業者が電力小売事業に参入し、通信やケーブルテレビと電力のセット販売を実施。
警備会社	米国バージニア州創業の警備会社である Alarm.com 社は、祖業である警備からホームオートメーション事業やエネルギーサービス事業に事業範囲を拡大。
IT プラットフォーマー	Google 社傘下の Nest 社のスマート・サーモスタットや Amazon 社のスマート・スピーカー「Amazon Echo」を介した家電制御を実現。
メーカー	トヨタ自動車や日産自動車は、EV や PHV を電力系統の安定化などに活用する実証を展開。パナソニックなどの総合電機メーカーは、太陽光発電や家庭用蓄電池、HEMS を活用したエネルギーサービスを展開。

出所）野村総合研究所

全に取り込まれていく可能性も想定される。すなわち、自動車を動かすためのエネルギーは、自動車を利用する権利、もしくはある地点から別の地点への移動を実現するサービスの中に組み込まれ、エネルギー使用料金（電気代）は、サービスの中間財と化すことが想定される。

　実は、この動きはすでに一部で起こっている。例えば、配車サービス「Uber」を利用するとき、私たちは、ある地点から別の地点までの移動というサービスに対して料金を支払っており、そのサービスを実現させるために必要なガソリン代をはじめ、車両の購入・維持料金などを個別に支払うことはない。今後、このようなサービスとしての運輸機能があらゆる局面で起こり、その中にエネルギー使用料金（電気代）が中間財のひとつとして組み込まれることが想定される。

　エネルギーの使用料金がサービスの中間財となる動きは、EV などのエネルギー多消費型の設備を活用したサービスから始まっていくものと考えられる。例えば、業務用ビルなどに利用される空調設備は、初期費用としての設備費とエネルギー利用料金という形ではなく、空調を利用した時間に応じて利用料金が課金されるサービスなどが想定される。

I-2-2. エネルギーサービスのワンストップ化が起こる背景

I-2-2-1. エネルギーシステムワンストップ化の構造的背景

　エネルギーサービスと、その他周辺を含めたサービスの統合化・ワンストップ化は、制度面と技術面が両輪になって進んできているといえる。この取り組みは、欧米では目新しいものではない。

　例えば、欧米のエネルギー供給会社は、以前より、「デュアルフュエル」という形で電気とガスを両方提供している。英国のエネルギー供給会社である British Gas（Centrica）社は、エネルギーに加えてホームオートメーションなどの家庭向けの非エネルギーサービスやカーシェアリング事業への投資も行っている。

これらの状況から、まず、市場の自由化が、サービスの統合化・ワンストップ化が起こる最も重要な要因であるといえる。市場が自由化することで、複数のサービスを統合して提供することが可能になり、さらに、事業者間の競争が起こることで自社の競争力向上のためにサービスの統合化・ワンストップ化を進めるインセンティブが高まる。供給者を限定する規制という制約が取り除かれ、事業者間の競争が起こることで、各事業者には、自社の競争力向上のためにサービスの統合化・ワンストップ化を進めるインセンティブが働く。このことから、サービスの統合化・ワンストップ化には、各事業者の競争力向上に寄与し得る一定のメリットがあるといえる。

　サービスの統合化・ワンストップ化によるメリットとしては、以下が挙げられる。

〈メリット１〉

　サービスを統合化・ワンストップ化することで、事業者は最適なソリューションを選択・組み合わせたり、サービス間の連携で新たなソリューションを見出して、顧客に提供することができ、自社のソリューションの競争力を高めることができる。

〈メリット２〉

　複数のサービスを同一の顧客に提供することで、営業コストを下げ、利益率を高めることが見込める。今後、電力の総コストに占める燃料費の割合低下に伴い、営業コストの割合が高まることが予想されるため、このメリットの追及の重要度が高まることが想定される。

〈メリット３〉

　顧客の視点から見て、サービスが統合化・ワンストップ化されることは、サービスごとに異なる事業者を探索し、複数の事業者と契約することにかかる手間（検索コストと契約コスト）を減らすことができる。

　一方で、必ずしもすべてのサービスが統合されていない状況から、サービスのワンストップ化には、メリットのみではなく、デメリットもあることは明らかである。主なデメリットとしては、サービスをワンストップ化

することで、サービス提供、および営業活動における習熟度を高めること
に多くのコストがかかるようになることが挙げられる。複数のサービスを
ワンストップ化して提供するためには、より多くの知見が求められる。そ
のため、人員のトレーニングなどにかかるコストが増大化し得る。また、
そもそも他領域で深い知見を保つことが困難なことから、専業でサービス
を行う場合に比べ、質の高いサービスの提供を行うことが困難となる。こ
れらの問題を解決するために、組織ごとに専門部隊を置くような方策を採
れば、サービス間のシナジーが低下して、ワンストップ化のメリットが薄
れる結果につながりかねない。また、複数のサービスを提供することは、
組織の肥大化を招き、管理コスト・コミュニケーションコストが上昇する
リスクも想定される。

　以上の状況から、「制度的な制約が取り除かれ、かつ事業者間の競争が
活性化してきた際に、複数サービスを統合することによるメリットがデメ
リットを上回った場合」において、サービスの統合化は起こり得るものと
いえる。

　それでは、なぜ先ほど述べたようなエネルギーサービスと、その他周辺
を含めたサービスの統合化・ワンストップ化が起こっているのだろうか。
日本に関しては、その一因として、前述のとおり、エネルギー市場の自由
化（2016年：電力小売市場全面自由化、2017年：都市ガス小売市場全面
自由化）が挙げられる。しかし、1990年代後半から2000年代前半に自由
化を果たした欧米市場においても、サービス統合化の動きは進んできてい
る。

　この背景には、①ICT技術を中心とする技術の発展により統合化・ワ
ンストップ化のメリットが向上し、デメリットが低下してきていること、
および②分散化の進展などにより既存のエネルギー関連事業者がより本格
的な競争を強いられるようになってきていることが挙げられる。

①ICT技術を中心とする技術の発展の影響

　ICT技術の発展により、データ取得・処理コストが下がり、分析能力

が向上してきたことで、データを活用して、各サービスのレベルを高めること、および複数のサービスを最適に組み合わせることが容易になってきた。また、各サービスが自動化することで、複数サービスの提供にかかるコスト（教育コストを含む人的な負担）が下がってきている。

　例えば、ICT 技術を活用して、エネルギー使用データを収集・分析し、より精度の高い省エネルギー提案や、改修につながる設備機器提案をできるようになってきた。また、省エネルギー提案などをする際に、エネルギーデータを分析し、省エネルギー提案内容を策定するための人的な負担が低下してきている。

　さらに、例えば従来は、警備会社がエネルギーサービス提供を考える際に、営業コストを共通化できる＜メリット２＞、顧客に対する窓口を一本化できる＜メリット３＞といったメリットしか想定されなかった。しかし、ICT 技術を用い、安価にエネルギーデータを集め、それらを分析するサービスを実現することで、在宅状況などを把握して、警備サービスの競争力を高めるといったソリューションを生み出すことができる＜メリット１＞ようになってきている。

②分散化の進展などによる影響

　既存のエネルギー事業者は、世界的に再生可能エネルギーが増え、エネルギーシステムの分散化が進むことで、従来の事業領域内での競争に従事しているのみでは、現在の事業規模を維持できないという危機感を持っている。そのため、新たな収益源として、従来の領域を出て、他業界においても本格的な競争に挑むインセンティブが高まってきている。

　例えば、前述の Total 社が SunPower 社を買収した背景には、最終エネルギー消費に占める電力比率が高まっており、かつ発電に占める再生可能エネルギーの比率も高まっていることを受け、オイル＆ガス業界のプレーヤーとして、総合エネルギー企業としての競争を本格的に行うことが必須となってきていることがある。

I-2-2-2. 他業界におけるサービスのワンストップ化

　前項で見てきたワンストップ化が進む背景は、業界の壁を越えた普遍的なものであるといえる。すなわち、あるサービスのワンストップ化が進むか否かは、ワンストップ化を可能にする規制（制度）と、ワンストップ化のインセンティブを与える競争状況、およびワンストップ化のメリット・デメリットを決める技術特性と密接な関係を持つ。

　例えば、金融業界では、制度に対応する形で銀行の窓口において、投資信託や保険商品の販売が実施されている。また、小売業界では、ICT 技術の発展を背景に、Amazon 社などによるワンストップ化が進んでいる。小売業界では、これまでも GMS（General Merchandising Store：総合小売店）などにより、顧客からみたワンストップ利便性の提供は実現されていた。しかし、Amazon 社が ICT 技術を活用して顧客の購買履歴を分析し、さまざまな商材間でのレコメンデーションを可能とした結果、これまでの GMS がなし得なかった水準で、個別専門小売事業者を統合し、顧客の利便性を向上させた。さらに、レコメンデーション機能などを通じて、自社のコストを抑えて種々の商材を販売できるようになり、事業者の販売コスト低減も可能とした。このような ICT 技術を活用したメリットの提供により、Amazon 社は、これまでに GMS が扱っていなかったような商材も含めて、小売のワンストップ化を進めている。

　小売業界の事例に見るような ICT 技術の活用によるワンストップ化進展の流れは、業界ごとの制度などに依存した差異も大きいが、多くの業界に共通した動きといえるだろう。

I-3. エネルギーバリューチェーンにおける 付加価値分布の変化

I-3-1. 分散化・サービスワンストップ化による バリューチェーン上の付加価値の変化

これまで見てきたエネルギーシステムの分散化と、エネルギーおよび、その他サービスのワンストップ化が進んでいくことで、エネルギー供給のバリューチェーンにおける付加価値は、どのように変わっていくのだろうか。本節では、特に今後、大きな変化が起こる電力供給のバリューチェーンにおける付加価値の変化に着目して考察を行う。

図13は、電力供給における機能別の付加価値の変化を、短・中期および長期に分けて考察したものである。今後は、電力供給に関する多くの機能について、付加価値が減少する方向に向かうと想定される。

図13 エネルギーバリューチェーンの付加価値の変化

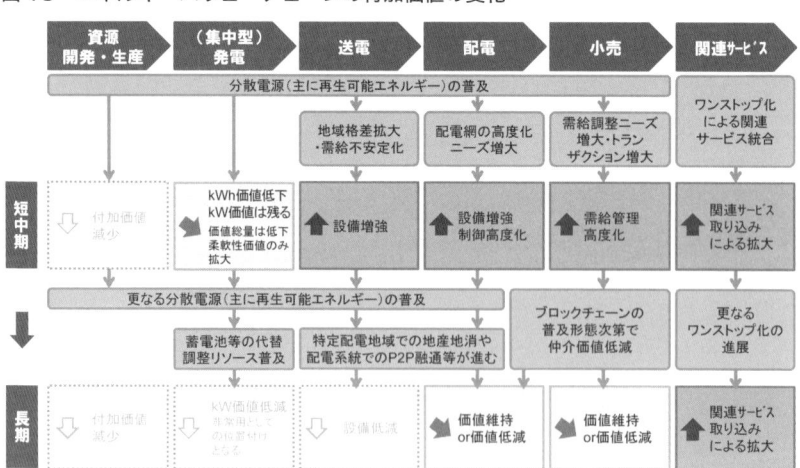

出所）野村総合研究所

資源開発・生産、（集中型）発電

　まず、資源開発・生産に関わる運転・制御および資産保有・保全に関わる付加価値、および集中型の大型発電設備の運転・制御に関する付加価値は、大きく減少することが想定される。これは、再生可能エネルギー（分散電源）が普及拡大することで、大型の火力発電をはじめとする従来型の設備への依存度が大きく減少することに起因する。需要を満たすために、燃料を使うことや大型発電設備に依存することが少なくなっていくものと想定される。

　一方で、集中型の大型発電設備の資産保有・保全に関する付加価値は、短・中期的には増大することが想定される。これは、太陽光発電や風力発電といった不安定な発電設備の普及拡大に伴い、系統の需給調整（同時同量）に対するニーズが増大し、結果として柔軟な運用ができる発電設備に対する需要が高まるからである。

　このことは、換言すれば、「電力供給に関わる電力量価値（kWh 価値）

図 14　ドイツの電力卸取引市場の価格推移

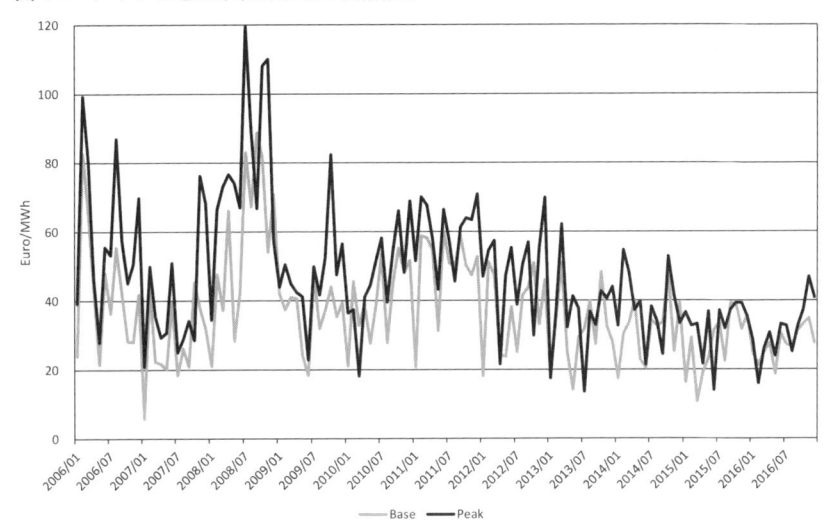

出所）　EEX より野村総合研究所作成

が下がり、容量価値や調整力価値（kW 価値）が上がる」ということもできる。すなわち、限界費用の低い再生可能エネルギーが増えることで、発電電力量に対する価値は下がるが、それらを活用し、需給バランスを取るための機能に対する価値は高まっていくのである。

　この現象は、すでに再生可能エネルギー導入量が多い地域で顕在化している。図 14 は、ドイツでの電力量取引価格の推移を示したものである。同図より、ドイツの kWh 価値（電力量価値）が 2006 年から 2016 年の 10 年間で大きく低下したことが見て取れる。

　一方で、kW 価値に相当するドイツ国内の調整力需要は、再生可能エネルギーの増加に伴って、2033 年には 2011 年比で最大 90％増加すると試算されている [2]。このため、今後は kW 価値（調整量価値）が高まることが想定され得る。

　しかし、長期的に見れば、この kW 価値（容量価値・調整力価値）も減少していくことが想定される。これは、蓄電池などの需給調整に資するリソースの価格が下がって普及することで、集中型の大型発電により需給調整を行う必要がなくなってくるためである。また、ICT 技術の発展により、再生可能エネルギーの予測精度が上がったり、需要をより高度かつ安価に制御できるようになってきたりすることも、集中型の大型発電による需給調整の必要性を低下させるといえる。そのため、資源開発・生産、燃料輸送、集中型発電といった電力供給の上流に関わる付加価値は、長期的には総じて減少していくことが想定される。

送電

　次いで、送電に関わる付加価値は、短・中期的には増大することが想定される。太陽光発電や風力発電などは、自然条件や設置場所の制約などから地域偏在性が高い（例えば、日本では、風力発電の多くが北海道地域や東北地域に導入されている）。そのため、蓄電池などによる需給調整機能が十分でないまま再生可能エネルギーが普及拡大すると、地域間での電

力融通による需給調整がより重要となってくる。そのため近年、多くの先進国において、再生可能エネルギーの導入を促進するために、送電設備の増強が計画・実行されている。例えば、ドイツでは、2024 年までに約 5800km の送電線への投資計画があり、その費用は 200 億ユーロを超えると見られている [3]。

　一方、長期的には、送電設備へのニーズが低下し、付加価値が減少することが考えられる。なぜならば、蓄電池などの需給調整機能が十分に発展し、配電レベル以下での需給調整が実現されることで、地域間での電力融通の必要性が低下していくためである。地産地消のシステムが各地に設立され、それらが独立的に運用されるようになれば、地域間を結ぶ送電の必要性もなくなってくるだろう。

配電

　配電に関わる付加価値については、短・中期的に増大し、その後も一定の価値が残る可能性がある。

　まず短・中期的には、配電システムへの再生可能エネルギーの導入拡大により、配電システムの増強・運用の高度化が求められるようになり、配電に関する運転・制御、資産保有・保全に関する付加価値は、増大することが想定される。

　分散電源の配電システムへの接続に際しては、接続容量制限や、系統に電力を放電する「逆潮流」に制約が発生することが想定される。配電システムを管理する事業者は、分散電源を増加させるために、配電システムの増強、もしくは配電システムの制約を踏まえた分散電源の導入・制御を行うことが求められる。

　長期的にも、配電網内での電力・調整力の融通は継続して行われる可能性があるため、配電に関する付加価値も維持され得る。蓄電池などの需給調整機能が高度化・普及した場合でも、ネットの需要と供給（再生可能エネルギーなどによる発電）が一致しない限り、すべての需要家が独立した

システムを築くことはできない。このため、長期的にも、配電レベルでは、電力の融通が行われることが想定される。

　ただし、電力・調整力の融通が続いても、ブロックチェーンの普及形態次第では、配電の運転・制御に関わる付加価値が低減する可能性も想定される。

　ブロックチェーンが電力取引に活用されるようになれば、P2P の需要家同士の取引が行われるようになる。この際、その取引の場を提供するプラットフォーマーが手数料などの形で、この取引に関わる付加価値を独占することができれば、配電の運転・制御に関わる付加価値は維持されるといえる。しかし、仮にブロックチェーンによる電力取引が無料（もしくは非常に安価）で需要家に開放されるような形となった場合には、配電の運転・制御に関わる付加価値は需要家に還元され、エネルギー事業者の視点からは付加価値が消滅（減少）したことになる。

　したがって、長期的に配電の運転・制御に関わる付加価値が維持されるか低減するかについては、ブロックチェーンによる電力取引の普及と、その普及形態によるといえる。

小売

　小売に関しては、再生可能エネルギーの増加により需給調整の必要性が高まることや、需要家が保有するリソースが多様な用途に活用され取引が多様化することから、短・中期的には、付加価値が高まっていくと想定される。例えば、需要家が保有する太陽光発電や蓄電池などを活用した VPP などの電力関連サービスが拡大していくことが考えられる。

　長期的には、配電機能の付加価値と同様、ブロックチェーンによる電力取引の普及形態次第で、エネルギー事業者にとっての価値が減少する場合と価値が維持される場合が想定される。

関連サービス

　今後は、関連サービスの取り込みにより、付加価値を拡大できる可能性がある。前節で述べたように、今後、エネルギー供給と、その他各種サービスのワンストップ化が進み、各種サービスが統合的に提供されるようになっていくことが想定される。そのため、顧客接点を保有していることを活用して、エネルギー供給のバリューチェーン以外のサービスの付加価値を獲得できる可能性がある。

Ⅰ-3-2. 付加価値を獲得していく事業者（プレーヤー構造の変化）

　これまで見てきたように、今後、エネルギー供給のバリューチェーンにおける付加価値の分布が変わってくることが想定される。これに伴い、エネルギー供給に関連して付加価値を獲得していく事業者の姿も変わっていくといえる。以下では、短・中期と長期に分けて、それぞれの期間において増加する付加価値を、どのようなプレーヤーが獲得していくのかについて考察する。

短・中期

　まず、短・中期的な視点で見てみる。前述のとおり、送配電（特に配電）の運転・制御、資産保有・保全に関しては、付加価値の増加が見込まれる。これらの付加価値は、基本的には従来どおりエネルギー事業者（電力会社など）が担うことが想定される。送配電事業は、公益性が高いことや、規模の利益が働きやすいこと、二重投資の弊害が大きいことから、各国において規制事業として残り続け、既存のエネルギー事業者（電力会社）が、引き続き事業主体として残ることが想定される。

　ただし、欧米では、送配電網（特に送電）の所有権、運営権を、民間資本へ開放する動きがすでに出てきている。例えば、欧州では、EU・関係国の規制の枠組みから開放され、使用料金などを独自で設定することが可

能な「マーチャントスキーム」と呼ばれる国際送電線の案件が複数存在する（英国〜オランダ間 BritNed、英国〜フランス間 ElecLink など）。したがって、今後は、従来のエネルギー事業者以外にも、送配電に関わる付加価値を獲得できる可能性がある。

　さらに、送配電設備の運用・制御については、今後より自動化に頼る側面が強くなる。このことから、従来のエネルギー事業者が専門的な知識を持った人材を抱えることで確保してきた運用・制御機能に関わる付加価値のうち、多くが自動化のシステムを保有・提供する事業者によって獲得されることが想定される。これら自動化システムに関わる付加価値は、現状の各事業者の取り組みを見ると、重電事業者や IT 事業者によって獲得される可能性が高いといえる。しかし、従来のエネルギー事業者も、積極的にこれらのシステム開発などに関わってきており、一部のエネルギー事業者が自動化に関わる機能を持つプレーヤーの取り込みや自社開発などを進めることで、付加価値を維持していく可能性もある。

　次いで、小売・関連サービスについても今後、付加価値の向上が見込まれる。これらの付加価値は、従来のエネルギー供給事業者に加えて、その他の多種多様なプレーヤーが獲得する可能性が考えられる。前述したように、今後、エネルギーサービスは、エネルギー以外のサービスも含めてワンストップ化していくことが想定される。その流れのなかで、顧客（需要家）に関わる小売・関連サービスの領域は、幅広い業界の事業者が覇権を狙っている。現在、すでにエネルギー供給に関わる主だった動きをとっている事業者だけでも、電力事業者、ガス事業者、石油会社、蓄電池・太陽光発電関連事業者、通信（CATV 含む）事業者、自動車会社、セキュリティ会社、家電量販店、e コマース会社、その他 IT 事業者などの多くの業種が挙げられる。これらのいずれの事業者も、自社の得意領域を強みに、小売・関連事業の付加価値を獲得していける可能性がある。

長期

　次に、長期的な視点に目を移してみる。長期的にも、関連サービスにおけるさらなる付加価値の向上が見込まれる。このとき、エネルギーの小売も含めた付加価値を獲得するのは、すでにエネルギー供給に関わる動きをとっている事業者に加えて、現状では想定がつかない事業者であることも考えられる。種々のサービスとのワンストップ化が進み、エネルギー供給がAs-a-service化するなど、その他サービスと真に融合した世界においては、需要家との接点を獲得するプレーヤー、需要家に訴求するキラーコンテンツを持つプレーヤーなどが小売・関連サービスの付加価値のうち、多くを獲得することになるだろう。

　配電・小売の運用・制御に関する付加価値については、前述のとおり、ブロックチェーンによる電力取引の普及形態次第で、価値が減少する場合と価値が維持される場合が想定される。具体的には、ブロックチェーンを活用した電力取引の付加価値が需要家に還元される仕組みが実現した際には、いずれの事業者も、配電・小売の運用に関して大きな付加価値を得ることができなくなる。この場合、エネルギー市場は、真に民主化された状況であるといえ、当該機能に関して巨額の収益を得る企業が市場に存在しない状況となることが想定される。

　一方で、ブロックチェーンによる電力取引の場を提供するプラットフォーマーが、付加価値を独占できる仕組みが実現する可能性もある。この場合、誰がプラットフォーマーとなるかがポイントであるが、数社の世界的なプラットフォーマーが世界市場を押さえる（寡占する）シナリオと、地域ごとに独自のプラットフォーマーが出現するシナリオが想定される。

　エネルギー需給調整を含むアルゴリズム構築のハードルが高いことを勘案すると、世界的なプラットフォーマーが出現する可能性がある。この場合、重電事業者・IT大手・ブロックチェーン事業者などがプラットフォーマーの有望候補である。Autogrid社のようなベンチャー企業が大手重電やIT事業者と組んで、市場を握る可能性もある。

一方で、エネルギーの取引が物理的な制約から基本的に特定の地域内に閉じたものとなり得ることや、（少なくとも現状は）エネルギーシステムの制度依存度が高く地域ごとに相違が大きいことから、世界規模でのネットワーク効果は効きにくいといえる。この視点に立つと、プラットフォーマーは、地域ごとにプレーヤーが出現することも想定される。この場合、地域ごとのプラットフォーマーは、エネルギー事業者や重電事業者・IT大手・ブロックチェーン事業者などとなることが想定される。

　以上、本節では、付加価値が増大し得る機能に着目しながら、付加価値の分布の変化の見通しを考察してきたが、最後に改めて、従来のエネルギー事業者（主に電力会社）の立場から振り返ってみたい。

　まずいえるのが付加価値の出しどころの一部が失われていくという脅威に面している、ということである。

　資源開発・生産、燃料調達、集中型発電設備の運用に関わる価値は、短・中期的には容量価値・調整力価値の上昇は期待できるものの、長期的には減少していくことが見通される。また、発電設備や送配電設備などの運用に関わる各種人間系業務（専門家の知見と、その保有・育成が必要になる機能）が自動化されることにより、提供可能な付加価値が減少する恐れもある。

　一方で、今後の短・中期的な成長領域である送配電事業と小売・関連サービスに関しては、従来のエネルギー事業者にとっても大きな機会である。特に分散ソリューションが高度化したあとにも（長期的にも）、付加価値が残り得る配電関連や小売・関連サービス（需要家関連事業）は、電力会社などにとって重要な成長機会である。従来のエネルギー事業者は、エネルギー供給に関する実績・ナレッジ、および需要家とのチャネル、各種ステークホルダーとの関係性を活かして、これらの価値を獲得していける可能性が大いにある。

　配電・小売部門では、長期的にブロックチェーン技術の普及形態次第で配電・小売関連の運転・制御に関する付加価値について、その多くが需要

家に開放されてしまう可能性や、非エネルギー関連事業のプラットフォーマーに獲得されてしまうという脅威が想定される。

　以上のような脅威と機会に対して、一部のエネルギー供給事業者は、すでに対応に向けた動きを始めている。

　例えば、資源開発・生産、燃料調達、集中型発電設備の分野での脅威に対応するために、エネルギー供給事業者は、太陽光発電などの分散リソースの保有を積極的に進める動きをとったり、システム・ソリューション開発に積極的に関わったりすることで、付加価値を外部（重電やIT事業者）に流出させない（さらには、他エネルギー事業者の付加価値を取り込む）ことを目指した取り組みを行ってきている。

　また、小売・関連サービスに関わる機会を獲得するために、一部のエネルギー事業者は、需要家が保有する分散リソース運用権を集約（アグリゲート）・運用する事業を積極的に展開することで、需要家関連事業の付加価値を取り込む動きや、エネルギー関連に限定されない幅広いサービスを展開するための動きをとっている。

　さらに、将来的に配電・小売関連の運転・制御に関する付加価値を維持するために、一部のエネルギー事業者は、ブロックチェーン技術を活用しつつも、自社が付加価値を提供するビジネスモデルを模索しており、すでに実験的な取り組みを進めている。

　以上のようなエネルギー事業者の取り組みについては、第Ⅱ章で詳しく見ていきたい。

第 II 章

先進的技術・ソリューション：

～エネルギー業界の変化をもたらす
キー技術・ソリューションは何か?～

II-1. 先進ソリューション

II-1-1. 先進ソリューションの全体像

　本章では、前章にて掲載した先進的なソリューションのうち、エネルギー業界に対して特に大きな変化をもたらすソリューションについて、その概要を述べる。

　図15は、時系列で見たときのエネルギーソリューションの広がりを示している。

　エネルギー調達コンサル、省エネルギーコンサル、カーボンマネジメントは、エネルギーコンサルに包含される形で、欧米市場にて伝統的に提供されてきたソリューションである。加えて、コージェネレーションシステムや太陽光発電を活用したPPA（Power Purchase Agreement：電力売買契約）や、DRによるインセンティブの獲得もすでに事業者により展開されている。さらに、各種エネルギーソリューションの効果保証契約（パ

図15　エネルギーソリューションの広がり

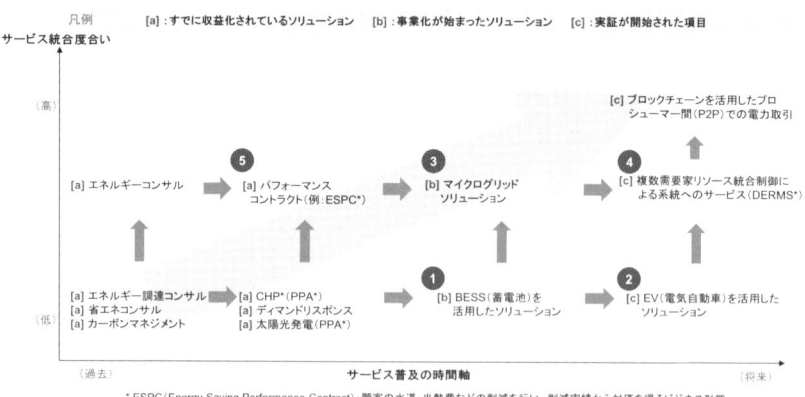

出所）野村総合研究所

48

フォーマンスコントラクト）も広がりつつある。パフォーマンスコントラクトの例としては、省エネルギー効果保証や電力売買契約を通じた kWh の単価保証などが挙げられる。一方で、BESS（Battery Energy Storage System：蓄電池システム）や EV などの蓄電池関連ソリューションは、今後の拡大が期待されている。加えて、各種分散電源を束ねる形でのマイクログリッドや DERMS の導入検討も進んでいる。

　本章では、これらのエネルギーソリューションのうち、エネルギー業界に対して特に大きな変化をもたらすソリューションとして、5つのソリューションをピックアップしている。なお、ブロックチェーンに関しては次節で述べる。

　今回ピックアップした5つのソリューションの関連性を図 16 に示す。

BESS

　大規模蓄電池や中小蓄電池の導入・制御サービスの普及は、これまで大容量の電力を貯めることが困難であった電力システムの前提を覆す変化で

図 16　各ソリューションの関連性

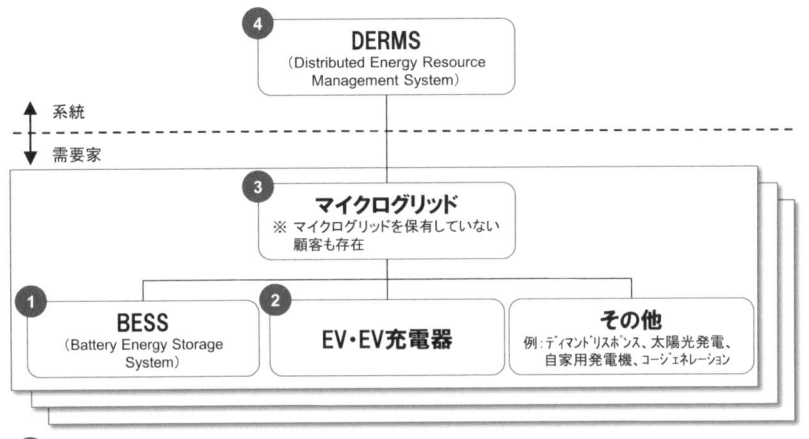

出所）野村総合研究所

ある。本章では、需要家に設置される中小蓄電池に留まらず、系統と直接つながる大型蓄電池に関しても触れる。

EV

EV は、電気を貯めることができる設備であるという観点でみると、蓄電池と同様の変化をもたらす。一方で、EV は動く負荷設備と見ることもでき、「1構内または1建物を1需要場所とし、1需要契約を締結する」という現状の電力システムの前提を変える。

マイクログリッド

マイクログリッドは、地産地消の分散型電力システムとして、既存の中央集中型の電力システムに破壊的な変化をもたらす可能性がある。

DERMS

DERMS は、配電系統に接続している蓄電池、EV、太陽光発電設備、自家発電設備、負荷設備などを統合制御し、配電系統の運用効率化に寄与する。需要家にて消費される電力が配電系統と連系する分散電源から供給されれば、従来の大型発電設備と送電設備の必要性が低下するため、DERMS は、分散型の電力システムを加速させるソリューションとなる。また、DERMS は、VPP を制御するシステムとして利用されることも考えられる。

パフォーマンスコントラクト

パフォーマンスコントラクトは、ESPC などの効果保証型のエネルギーサービスの総称である。需要家は、パフォーマンスコントラクトを活用することで、自家発電設備や省エネルギー設備を自らの設備として保有することなく、省エネルギー効果や自家発電から得られるメリットをサービスとして受け取ることが可能となる。パフォーマンスコントラクトのプロバイダーは、運用する設備を他の需要家向けに利用したり、電力系統向けサービスにも利用したりすることで、設備の稼働率を向上させることが可能となる。パフォーマンスコントラクトは、省エネルギー設備や自家発電設備のシェアリングやエネルギーサービスのワンストップ化を後押しするサ

ービスとなる。

　以降では、上記の5つのソリューションに関して、ソリューションの概要と背景（ドライブ・きっかけ）、キープレーヤー、事業の成功要因、今後の見通しを見ていきたい。

II-1-2. 先進ソリューション①：
BESS（Battery Energy Storage System）

II-1-2-1. ソリューションの概要・背景（ドライブ・きっかけ）

　まず、BESS のソリューションは、大きく電力系統向けサービスと需要家向けサービスの2つに分けることができる。

　1つ目の電力系統向けサービスは、蓄電池を利用し、電力系統において電気が足りないときに蓄電池から電気を放電し、電気が余った時に電気を充電することで収入を得る。

　2つ目の需要家向けサービスは、蓄電池を利用し、需要家の電気料金を下げることで需要家から収入を得る。具体的には、需要家の最大電力需要の際に蓄電池から電気を放電することで電気料金を削減する。また、蓄電池と太陽光発電を組み合わせて電力会社からの電力購入を減らすことで電気料金を削減することもできる。

　また、BESS のソリューションには、蓄電池の設置場所によって異なる、大きく2つのタイプのビジネスモデルが存在する。

　1つ目は、蓄電池を電力系統に接続し、系統向けサービスを実施するビジネスモデルであり、いわゆるイン・フロント・オブ・ザ・メーター（電力メーターより系統側）への蓄電池の設置である。

　2つ目は、蓄電池を需要家の敷地内に設置し、需要家向けのサービスと系統向けのサービスのどちらか一方、または両方を提供するビジネスモデル、いわゆるビハインド・ザ・メーター（電力メーターより需要家側）への蓄電池の設置である。

次に、BESS のソリューションの拡大の背景について見ていきたい。

近年、BESS 関連のソリューションが拡大している背景として、BESS のコスト低下、太陽光発電の普及拡大、政策的支援の3つを挙げることができる。

1つ目の BESS 普及の背景として、BESS のコスト低下が挙げられる。現在、電力用途で主に利用されている蓄電池はリチウムイオン電池であるが、そのコストは今後も低下することが期待されている。図17 によると、2016 年に導入された蓄電設備の中で、リチウムイオン蓄電池のシェアは揚水発電を除くと最も高くなっている。また、価格低下についても、現状コバルトなどの原材料の価格上昇の懸念はあるものの、図18 に示すとおり、野村総合研究所（NRI）では、電力用途のリチウムイオン蓄電池システムの設置コストは低下していくと予測している。　このように、BESS のコスト低下が進むことで、前述した複数のタイプのビジネスモデルが、拡大することが期待される。

2つ目の BESS 普及の背景として、太陽光発電のコスト低減が挙げられ

図 17　世界の蓄電設備導入割合

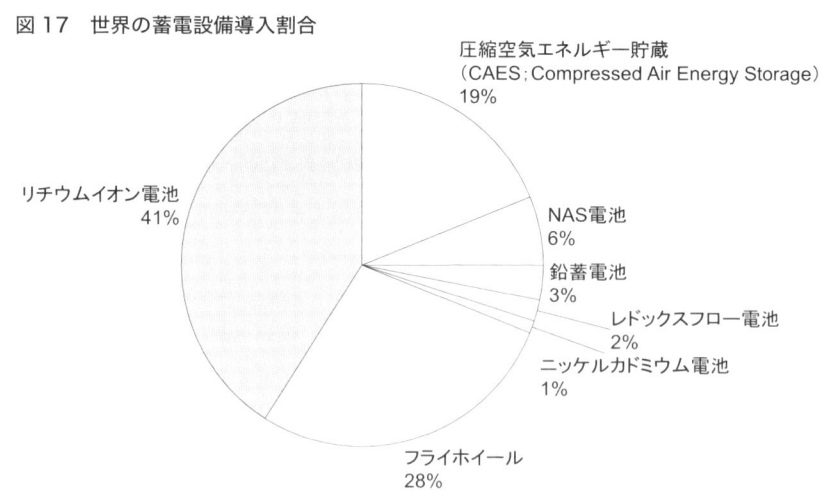

圧縮空気エネルギー貯蔵
（CAES；Compressed Air Energy Storage）
19%

NAS電池
6%

鉛蓄電池
3%

レドックスフロー電池
2%

ニッケルカドミウム電池
1%

リチウムイオン電池
41%

フライホイール
28%

出所）IEA "Tracking Clean Energy Progress" をもとに野村総合研究所作成

図 18　リチウムイオン電池の導入コスト見通し

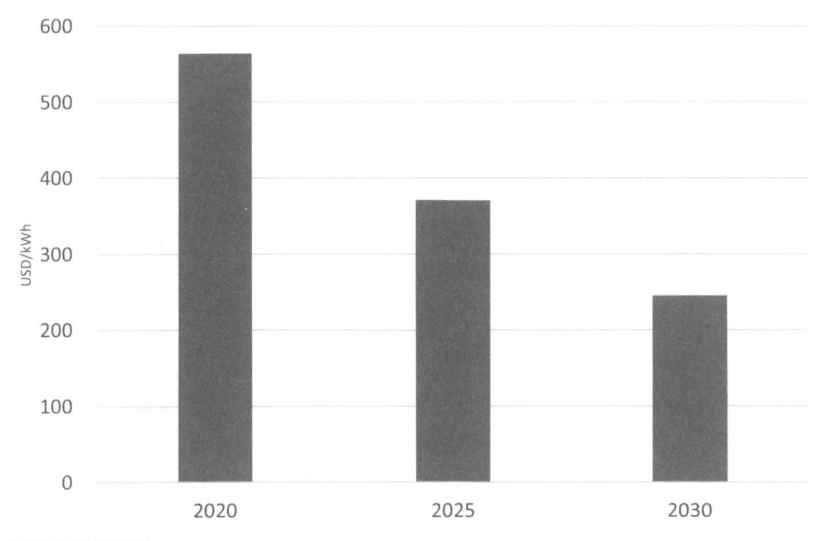

出所）野村総合研究所

る。太陽光発電設備は、今後も増加が想定される主要な分散電源のひとつ
であり、蓄電池導入を加速させるきっかけとなる。

　図 19 は、IEA が公表している太陽光発電設備の 2010 年から 2015 年の
価格推移である。これより、太陽光発電設備の導入コストがグローバル市
場において低下していることが見て取れる。日本においても、家庭向けの
太陽光発電コストは、2014 年時点で 36.4 万円／ kW だったものが、2030
年頃には 21.9 万〜 27.4 万円／ kW 程度にまで低下すると考えられる [4]。

　加えて、晴天率が高い地域では、太陽光発電が大型火力発電の発電コス
トを下回るケースも想定される。例えば、中東地域では、大型太陽光発電
の売電価格が 2 円／ kWh を下回るケースも出てきている。太陽光発電で
安価に電気を作ることができれば、需要家が夜間でも太陽光発電で発電し
た安価な電気を利用したいといった電力の地産地消のニーズが高まるた
め、結果として BESS が導入されることになる。したがって、太陽光発電
の発電コストの低下は、蓄電池導入を加速させる。

図19 太陽光発電システムコストの推移（2010年比）

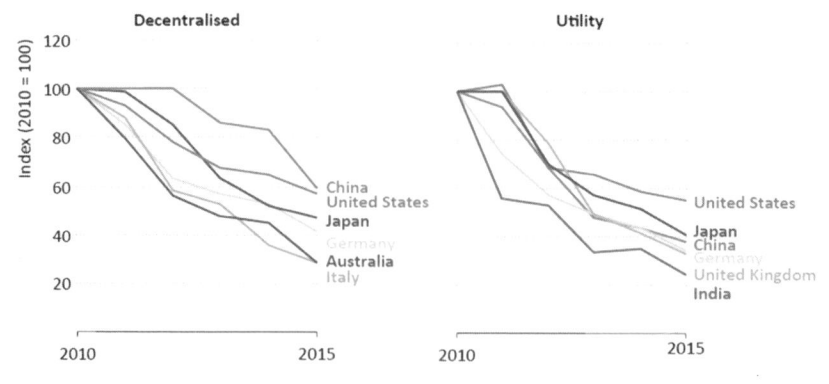

Solar PV investment costs have fallen rapidly around the world

出所）IEA

　3つ目のBESS普及の背景として、政策的支援が挙げられる。例えば、米国では、連邦エネルギー規制委員会であるFERC（Federal Energy Regulatory Commission）が2011年に「Order 755」を制定した。Order 755は、周波数制御卸取引市場において各設備の周波数調整能力に応じた支払いを与えることを推奨する指令であり、米国最大の系統運用機関であるPJMは、当該指令により、蓄電池のパフォーマンスに応じて周波数制御の対価を優遇する制度を導入した。その結果、PJM管内においては、BESSの導入が急速に進んだ。

　また、カリフォルニア州では、CPUC（California Public Utilities Commission：カリフォルニア州公益事業委員会）が2010年、電力会社に蓄電設備の導入を義務づける法律「AB 2514」を成立させた。この法律により、カリフォルニア州の大手民間電力会社3社には、2014年、2016年、2018年、2020年末時点での決められた量の蓄電システム調達する義務が発生することとなった。AB 2514の施行を受けて、各社は、すでに多くのBESSを導入している。カリフォルニア州には、ほかにも「SGIP（Self Generation Incentive Program）」と呼ばれる、自家発電を推進するための補助政

策も用意されており、定置用蓄電池導入者は、導入時に補助金を獲得することが可能となっている。SGIP は、カリフォルニア州におけるビハインド・ザ・メーターへの蓄電池導入の後押しとなっている。

II-1-2-2. キープレーヤー（商品・サービス、ビジネスモデル、技術）

前述のとおり BESS のソリューションは、イン・フロント・オブ・ザ・メーター型とビハインド・ザ・メーター型の2つのタイプのビジネスモデルに分類することができるが、BESS ソリューションにおけるキープレーヤーも、これらのビジネスモデルのタイプによって2つに分類することができる。

イン・フロント・オブ・ザ・メーター型のキープレーヤー
AES Energy Storage 社

米国の AES Energy Storage 社は、グローバル市場において大型発電設備の開発、保有、運用を実施している AES 社のグループ会社であり、主に電力系統に接続された大型蓄電池を活用した電力系統向けサービスを提供している。AES Energy Storage 社は、この業界で最も古いプレーヤーのひとつであり、大型蓄電池を設置する場所の選定、用地取得、設備の設計、調達、設置、保有、最適な蓄電池システムの運用と幅広い機能を保有している。AES Energy Storage 社は、すでに幅広い地域での大型蓄電池の導入実績を保有しており、2017 年時点で 476MW の蓄電池を保有している。

Greensmith 社

Greensmith 社は、2008 年に米国で設立された企業であり、主に大型蓄電池の設計、導入、運用を実施するためのソフトウェアを提供している。Greensmith 社は、米国における数多くの大型蓄電池案件に参画しており、米国の大手電力会社である AEP（American Electric Power）社や Duke Energy 社とも連携している。なお、Greensmith 社は、2017 年に火力発電設備を製造するフィンランドの Wärtsilä（バルチラ）社に買収された。

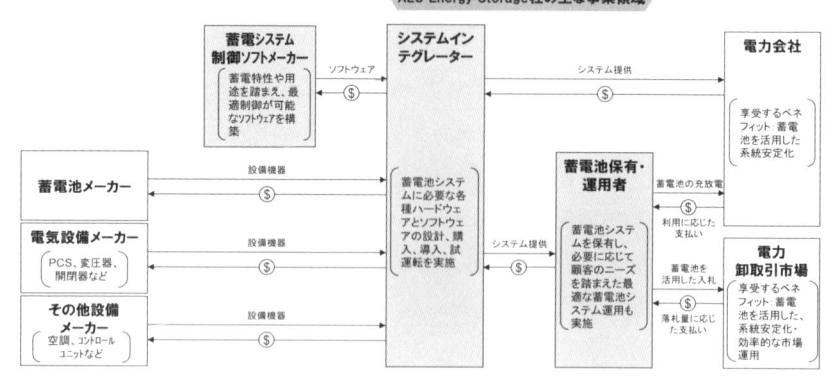

図20 イン・フロント・オブ・ザ・メーターのキープレーヤーのビジネスモデル

出所）IEA

　このように、イン・フロント・オブ・ザ・メーター型の蓄電池ビジネス
には、火力発電設備に関係しているプレーヤーも参入している。図20は、
AES Energy Storage 社や Greensmith 社のビジネスモデルを表している。
AES Energy Storage 社は、BESS の保有と運用を担当するが、Green-
smith 社は、BESS の保有はせず、ハードウェアとソフトウェアを提供す
る部分に付加価値を置いている。

ビハインド・ザ・メーター型のキープレーヤー
Stem 社

　Stem 社は、2009 年に米国のカリフォルニア州にて設立されたベンチャ
ー企業であり、主に業務用・産業用需要家に蓄電池を設置し、需要家向け
のサービスと電力系統向けのサービスの両方を提供している。
　Stem 社のビジネスモデルを図21に示す。Stem 社は、蓄電池システム
に必要なコンポーネントを調達し、自ら組み立てて、顧客となるホテルや
小売店舗などに設置する。そして、顧客（需要家）に設置された蓄電池を

コントロールし、顧客の最大電力を低減させることで顧客の電気料金を削減する。さらに、蓄電池が顧客向けにサービスをしていない時間帯には、電力会社に対して系統を安定化させるためのサービスを行うことで、電力会社からのサービスフィーも獲得し、その一部を顧客に還元している。

　なお、Stem 社が電力会社に対してサービスを行う際は、ある顧客の蓄電池を個別に制御するのではなく、複数の顧客の蓄電池を統合制御することで、あたかも大型発電設備が電力系統向けのサービスをしているような便益を電力会社に提供することも考えられる。

　顧客は、蓄電池を導入する際、導入にかかわる費用を支払う必要はなく、蓄電池の利用料として Stem 社に毎月決まった金額を支払う。顧客が Stem 社に毎月支払う金額は、顧客の電気料金削減金額と電力会社からのサービスフィーの還元分の合計を下回るため、顧客にとってもメリットが生まれる。Stem 社の発表では、カリフォルニア州の特定の需要家に対して 54kW の蓄電池を導入した場合、需要家の Stem 社に対する毎月の支払い額が 560 ドル、需要家が得られる毎月のベネフィット（最大電力量低減による電気料金削減や、系統サービスにより得られる収益などの合計）が

図 21　ビハインド・ザ・メーターのキープレーヤーのビジネスモデル

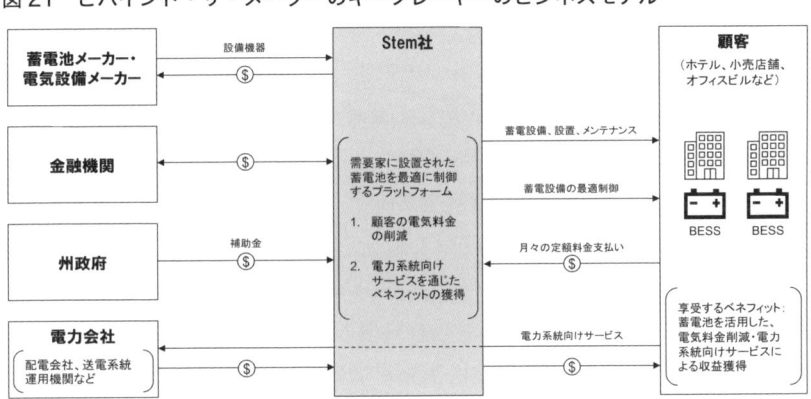

出所）野村総合研究所

1050 ドルとなる。したがって、この需要家は、Stem 社の蓄電池を導入することで毎月 490 ドルの利益を得ることができる。

なお、カリフォルニアでは、前述のとおり、需要家に設置される蓄電池に対する補助金が存在している。Stem 社は、この補助金も活用しながらビジネスを拡大している。

II-1-2-3. ビジネスの成功要因

蓄電池ビジネスの成否は、次の 3 つの機能に大きく影響を受ける。

1 つ目の蓄電池ビジネス成功要因として、制度設計の理解と働きかけに関する機能が挙げられる。蓄電池の主な収益源のひとつは、電力系統向けサービスである。電力系統向けサービスへの参加条件や運営方法などは、電力規制当局や電力卸取引市場を運営する組織が決定する。また、参加条件や運営方法などの制度は、一度決まったら恒久的に同じという訳ではなく、定期的な見直しや不定期の変更が行われることも十分にあり得る。そのため、蓄電池を活用して電力系統向けサービスを実施する事業者は、関連制度がいつ変更されるのか、また、どのように変更されるかを把握し、制度に合わせた事業維持・拡大・撤退を他社に先駆けて実施する必要がある。

具体例として、米国最大の電力系統である PJM の、周波数調整力市場における制度変更が挙げられる。PJM では、2012 年に周波数調整力市場において、蓄電池の性能を活かした評価を行う新たな制度が設定され、PJM 管内に設置された蓄電池は、PJM から数秒おきに送信されるシグナルに対して充放電を行い、一定の対価を得ることが可能となった（なお、設置された蓄電池は、PJM が送信したシグナルに対してより正確に反応すれば、収益も増加する仕組みとなっている）。この制度変更を受け、多くの事業者が、PJM 管内に蓄電池を設置し、周波数調整力市場に参加し始めた。しかし、その後、周波数調整市場に参加する蓄電池が増加しすぎたため、PJM では、蓄電池に対する対価の評価方法を厳しくするための

制度変更が検討されるようになった（2017 年現在検討中）。今後は、この制度変更により、PJM の周波数調整力市場に参入している蓄電池の収益性が低下することが予想される。この一連の制度変更の動きに対して、制度設計への理解に長けた一部の事業者は、蓄電池にとって有利な制度が導入されることを早い段階で察知し、すでに初期投資を回収できていることが想定される。一方で、制度変更の察知・理解が遅れ、蓄電池を活用した周波数調整力市場への参入が遅れた事業者は、今後の制度変更の方向性によっては投資回収が難しくなる可能性がある。

　蓄電池事業者のなかには、電力規制当局や電力卸取引市場に対して積極的に働きかけることで、蓄電池にとって有利な市場ルールを設定させることに成功した事例も存在する。CESA（California Energy Storage Association：米国カリフォルニアエネルギー貯蔵協会）は、カリフォルニア州の政策当局に対して蓄電池の有用性を働きかける組織であり、CESA の構成メンバーには、蓄電池製造企業や蓄電池関連の事業を行っている企業が含まれる。カリフォルニア州では、CESA による積極的な働きかけがひとつの後押しとなり、電力会社に対して蓄電設備の導入を義務づける法律や、需要家に蓄電池を設置する際の補助政策などの導入が実現した（なお、CESA の会員企業は、当該団体を通じてカリフォルニア州の制度変更の見通しを把握することができるため、他社に先回りした事業展開を行うことも可能である）。

　ここまで見てきたように、政策変更を早期に察知する機能や、事業者にとって有利な政策を実現するためのロビー活動を実施する機能が蓄電池ビジネスの成否に影響を与える。

　2 つ目の蓄電池ビジネス成功要因は、蓄電池システムの設計ノウハウ、およびハードウェアに関する知見である。蓄電池システムには、主に蓄電池、PCS（Power Conditioning System）、蓄電池のコントロールシステムなどが含まれる（PCS は、主に蓄電池の充放電に必要な直流電力を交流電力に変換する役割を担う）。大型蓄電池システムの場合は、上記以外に、

蓄電池を冷却する空調システムや電力系統に接続するための変電設備などが必要となるケースもある。

　蓄電池を製造する企業の多くは、蓄電池製造に特化しているため、蓄電池、PCS および蓄電池コントロールシステムを別会社から調達するケースが多い。そのため、設置する場所や蓄電池システムの用途に応じて、最適な蓄電池、PCS、およびコントロールシステムの組み合わせを設定するための設計ノウハウが必要であり、その前提としてハードウェアに関する知見も求められることになる。近年は、金融機関などが蓄電池システムを提供する企業に対し、資金提供を行うケースが見られるが、この際、金融機関は、蓄電池システムに 10 年間の長期保証を付与することを資金提供の条件とすることがある。そのため、蓄電池システムを提供する企業は、金融機関のファイナンスを獲得するためにも、長期保証に対応し得る堅牢なシステムを組み上げることが求められ、そのためのノウハウ・知見が重要となる。

　3 つ目の蓄電池ビジネス成功要因は、蓄電池システムの制御ノウハウ、および制御を実現するソフトウェアに関する知見である。蓄電池は、従来の火力発電設備とは異なり、放電し続けることができない一方で、電気を充電し、貯めることできる。そのため、蓄電池システムを利用したサービスを提供する事業者は、限られた蓄電池システムの容量で収益を最大化するために、最適な放電・充電のタイミングを決定する必要がある。例えば、電力系統サービスを提供する蓄電池システムは、価格が変化する電力取引市場の状況を予測しつつ、いつ入札を行い、どのように充放電を行うかを決定する必要がある。また、需要家に設置される蓄電池システムでは、需要家向けサービスと電力系統サービスを組み合わせるケースが多いため、サービスを提供する事業者は、各需要家の電力使用パターン（最大需要となる時間など）と電力取引市場の状況を同時に予測しつつ、複数の需要家に設置された蓄電池を統合制御するための充放電指令を行うことが求められる。さらに、蓄電池の充放電制御を行う際には、蓄電池の放電深度（DoD:

Depth of Discharge）や充電率（SoC：States of Charge）による蓄電池の寿命への影響についても考慮することが重要である（蓄電池は、放電の深度や充電率によって寿命が大きく変わる。このことは、携帯電話に搭載されているリチウムイオン蓄電池をイメージするとわかりやすい。例えば、毎回0％まで電池を使い切り、100％まで充電した蓄電池と、毎回30％で利用をやめ、充電を開始し、80％で充電を止めた蓄電池では、後者のほうが寿命が長くなる）。

　以上のように、サービス事業者には、収入面での最適な充放電タイミングの予測に加えて、蓄電池寿命を勘案した最適な充放電のタイミングや量の決定が求められる。この制御ロジックの構築・実現は、多くの事業者にとって容易なものではなく、収益最大化とコスト最小化を実現する蓄電池システムの制御ノウハウの優劣が蓄電池ビジネスの成否に大きな影響を与える。

II-1-2-4. 今後の見通し

　BESS ビジネスの普及拡大の要因として挙げた BESS システムコストの低減、太陽光発電設備の普及、および蓄電池システムへの支援制度の導入が今後も進むことにより、BESS ソリューションは引き続き拡大していくと考えられる。特に BESS システムコストの低減は、今後の BESS ソリューションの普及拡大に大きく寄与するものと想定される。

　一方で、BESS ソリューションの拡大に向けた課題も存在する。重要な課題のひとつとして、蓄電池の安全性の確保が挙げられる。現在、BESS システムの主流となっているリチウムイオン蓄電池については、安全性の問題が多く指摘されている。例えば、2016 年に発売されたスマートフォンでは、搭載されたリチウムイオン蓄電池が発火し、当該スマートフォンが販売中止と全製品回収する事態になった。本件は、電力用途のリチウムイオン蓄電池に関するものではなかったが、発火の原因がリチウムイオン蓄電池そのものの設計ミスや製造工程でのミスであったことから、電力用

途においてもリチウムイオン蓄電池の安全性確保の重要性が再確認される
きっかけとなった。今後は、蓄電池のエネルギー密度上昇やコントロール
の複雑化がさらに進むことで、より安全性の担保に対する重要性が高まる
ことが考えられる。

II-1-3. 先進ソリューション②：EV と EV 充電システム

II-1-3-1. ソリューションの概要・背景（ドライブ・きっかけ）

　世界的な脱炭素への取り組みと蓄電池の価格低減により、EV の販売台
数が今後拡大することが想定されている。欧州の主要国は、脱炭素の取り
組みのなかで EV の導入拡大を目指している。2016 年にドイツの連邦参
議院は、2030 年以降、内燃機関を搭載した自動車の販売を禁止する決議
を可決した。また、2017 年にフランスや英国は、2040 年を目途にガソリ
ン車とディーゼル車の販売を禁止すると発表した。欧州では今後、政府が
主導した EV の普及拡大が見込まれる。

　米国のカリフォルニア州においても、ZEV（Zero Emission Vehicle：
ガスゼロ車）規制といわれる規制が EV の普及を後押ししている。ZEV
規制は、州内で一定台数以上の自動車を販売するメーカーに対して、その
販売台数に応じて一定割合以上の環境性能の高い自動車を販売することを
義務づけるものである。2018 年には、対象となる環境性能の高い自動車
の定義が変更されるとともに、中堅自動車メーカーも ZEV 規制の対象と
なるため、ZEV 規制の対象となる EV の販売台数が増加することが見込
まれる。

　上記のような各国の規制制度を背景に、自動車メーカー各社（特に欧州
メーカー）が EV 拡販に舵を切ったことから、EV の導入拡大が今後進む
と想定される。具体的には、2017 年にドイツの自動車大手フォルクスワ
ーゲン社が、2025 年までに 50 車種の EV を市場に投入し、2030 年までに
200 億ユーロの EV 関連投資を行うと発表した。また、スウェーデンの自

動車メーカーであるボルボ社も、2019年以降すべての車種をEVやハイブリッド車などの電動車にすると発表している。

　NRIでは、各社のEV販売目標をベースとした電動車の普及予測を実施した。この試算によると、グローバルな新車販売台数に占める電動車の割合は、2025年に15％を超える（なお、電動車には、ストロングハイブリッド、プラグインハイブリッド、EV、燃料電池車が含まれる）。また、IEAが2017年に発表したEVの普及予測によると、EVの普及台数は、2030年にグローバル市場で6000万〜2億台に達すると予測している（普及台数の幅は、IEAが複数のシナリオを設定しているためである）[5]。

　このようなEVの普及は、今後、電力システムに大きな影響を与え得る。その顕著なものとして、まず系統コストの増大および需要家の電気料金増加が想定される。

　EVは、電力システムにおける新たな負荷設備として位置づけることができる。そのため、電力会社の視点からは、EVの普及は販売電力量の増加をもたらし得る一方で、電力系統の増強や配電系統負荷を踏まえた需要予測の高度化など対応の必要性ももたらし得る。EVが急速充電器を利用する場合は、数十kWから数百kWの負荷が想定される（例えば、EV充電のひとつの規格であるCHAdeMO［チャデモ］は、2020年頃までに150kW［500V・350A］の定格出力の充電規格を、さらにその先には350kW［1000V・350A］の規格を整備する方針を出している）。このような数百kW単位での電力負荷増加がEVの普及により電力系統の各所で進むことによって、電力系統の老朽化が進む地域や電力需要が増加している地域においては、電力系統の増強対策が必要になり、系統コストの増加につながる恐れがある。

　また、需要家の視点からは、EVの普及は電気料金増加をもたらし得る。EVによって需要家は、購入電力量の増加に伴う電気料金の増加に加えて、最大電力の増加に伴う電気料金増加のリスクを負うことになる。例えば、オフィスや小売店舗がEVの急速充電器を設置した場合は、オフィスや小

売店舗の最大電力需要が増加することで、電気料金が大幅に増加してしまうケースが想定される。

　カリフォルニア州では、電力系統の老朽化が進むなかで EV の普及が始まっており、すでに EV 充電による上記のような問題点が指摘されている。この問題については、EV でオフィスに通勤する、あるユーザーがオフィスに設置された EV 充電設備で EV を充電する状況を例にとって考えてみるとわかりやすい。

　EV でオフィスに出勤するユーザーは、次の利用時間（帰宅時間など）までに確実に充電が完了しているように、EV を充電したいと望む。

　オフィスを保有するオーナーは、オフィスの最大電力需要が増加しないように、電力需要が低い時間に充電をするなどのコントロールをして、EV を充電したいと望む。

　電力系統を運営する電力会社は、電力系統としての最大需要やオフィスが位置する配電系統における設備制約を踏まえたコントロールをして、EV を充電したいと望む。

　つまり、電力系統制約のあるカリフォルニア州では、EV 保有者、充電設備保有者、電力会社の三者の思惑がそれぞれ異なることを踏まえたうえで、最適な EV 充電制御を実現することが課題となっている。

　次いで、EV の普及が電力システムに与え得る大きな影響としては、EV 充電に関わる決済方法の変化が想定される。これまでの電力システムでは、「1 構内または 1 建物を 1 需要場所とし、1 需要契約を締結する」というのが基本原則であった。しかし、EV は移動する負荷設備であることから、これまでの電力システムの基本原則を覆す可能性を持っている。

　現在、日本の EV 保有者は、外出先で EV を充電した場合、その充電料金は、家庭の電気料金とは別に決済が行われる。決済方法として多いのは、EV の充電時間に応じて料金を支払う課金方法である。これは、通常の電気料金メニューで採用されている、基本料金（電力契約量 kW）と電力使用量（kWh）をベースにした課金方法とは異なるものである。

　このように、EV の充電に対する課金方法が通常の電気料金の課金方法と異なる背景には、計量法の現行解釈がある。日本において充電設備を保有する小売店舗などが敷地内で電気自動車への充電サービスを行う場合は、電気事業法における事業規制の対象外と判断されている。課金方法に関して、充電量（kWh）に応じて充電料金を徴収する場合には、計量法の規定による検定に合格したメーターを設置する必要があるが、時間単位で電力を販売する場合は、メーターの設置は不要との見解となっている[6]。結果として、電気事業法の範囲外で、時間単位による充電サービスを提供する事業者が多くなっている。

　この EV の時間単位課金は、EV 保有者の視点から見ると、課金方法がわかりにくいことが課題として挙げられる。例えば、10kW × 1 分と100kW × 1 分の充電の場合、本来であれば 10 倍料金が異なるべきだが、何 kW の充電なのかを明確に示していないケースも想定される。この場合、EV 保有者は実際、何 kWh 充電されたかを理解しないまま料金を支払うことになる。そのため、今後は、計量法に対応した充電スタンドへのニーズも高まると考えられる。その際、EV 保有者が自宅の電気料金明細と外出先での EV 充電料金明細を併せて記載するサービスを望むことも想定される。

　次に、EV 関連ソリューションについて述べる。EV 関連のソリューションは、上記の EV が電力システムに与える影響を踏まえ、大きく EV 保有者向けサービスと電力系統向けサービスの 2 つに分けることができる。

　1 つ目の EV 保有者向けサービスは、EV に充電する電気の費用を抑えるサービスである。EV 保有者は、あらかじめ次に EV を利用する時間をスマートフォンなどで設定しておく。サービス事業者は、EV 保有者が次に EV を利用する時間までの間、電気料金が低い時間帯になるべく充電し、電気料金が高い時間帯は充電を止めたり、充電スピードを落としたりして電気料金を下げる仕組みを提供する。

　2 つ目の電力系統向けサービスは、電力会社の指令に応じて EV の充電

タイミングを決定することで、電力会社からインセンティブを受け取るモデルを指す。例えば、電力系統が最大電力需要となっているときにEVへの充電を止めたり、充電スピードを落としたりすることで、EV自体をディマンドリスポンスのリソースとして利用、電力会社の設備投資を抑えるなどのメリットを生み出し、電力会社から収益を得ることができる。

EVに搭載された蓄電池を定置用の蓄電システムのように利用することで、さらなるベネフィットを得ることも考えられる。具体的には、EV保有者向けには需要家の最大需要の際にEVの蓄電池から電力を供給することで、需要家の最大需要を低減させ、電気料金をさらに削減することができる。また、電力系統向けには、電力系統が最大需要の際にEVの蓄電池から電力を系統に放電することで、電力会社からさらなるインセンティブを得ることができる。

II-1-3-2. キープレーヤー（商品・サービス、ビジネスモデル、技術）
Tesla 社

Tesla社は、米国の大手EV製造メーカーであり、2017年から3万米ドル台の大衆向けEVの販売を始めた。EVメーカーとしてのイメージが強いTesla社だが、パナソニックと共同で蓄電池製造も実施している。また、2016年には、米国の太陽光発電ベンチャーであるSolarCity社を買収し、太陽光発電事業も傘下に収めた。Tesla社は、定置用蓄電池の販売も実施しており、EVに加え、太陽光発電、定置用蓄電池システムと、需要家のエネルギーに関するキーコンポーネントをビジネスの中核に据えている。Tesla社は、これらキーとなる設備を活用することで、家庭のエネルギーの供給と需要を囲い込むことができると考えられる。

Tesla社が買収したSolarCity社は、米国の家庭向け太陽光発電市場において、TPO（Third Party Ownership）モデルで急成長した企業である。TPOモデルでは、まずSolarCity社は住宅保有者向けに太陽光発電を無料で屋根に設置する。そのうえで、設置した太陽光発電で発電した電気を

住宅保有者に提供する。電気が余った場合は、地域の電力会社に売電する場合もある。SolarCity 社の TPO モデルのビジネスは、太陽光発電で発電した電気のコストが電力会社の電気料金よりも安い地域をターゲットとしており、住宅保有者は太陽光発電を設置することにより、電気料金を低減することが可能である。このように、太陽光発電のシステムを販売するのではなく、電気を販売しているのが TPO モデルの特徴である。一方、住宅保有者は、自ら太陽光発電に投資しなくとも、安価な電気を利用することができる。

　ここで、仮に Tesla 社が SolarCity 社のモデルを太陽光発電のみではなく、定置用蓄電池や EV を含めたシステムとして提供する場合を想定してみたい。Tesla 社は、初期費用無料で、家庭に対して太陽光発電と EV、定置用蓄電システムを設置する。ユーザーは、設備導入にかかる初期費用は支払う必要がなく、利用した分に応じた支払いを Tesla 社に行う。太陽光発電で発電した電気は、昼間は自宅で利用する一方で、余った電気は定置用蓄電システムに充電し、夜間の電力需要や EV 充電に利用する。また、Tesla 社が余った電気を電力会社に販売することで、ユーザーは追加的な収益を獲得することも考えられる。このように将来的には、Tesla 社が設備を提供した家庭は各種機器の初期費用を支払うことなく、自分の家庭の屋根に設置された太陽光発電からの家庭の電力需要や EV の充電を賄い、自動車のガソリン代は必要ない、というような日が来るかもしれない。

　上記のようなビジネスの将来像は、Tesla 社が提供している既存ビジネスからの推測であるが、近い将来、家庭や業務用需要家において、EV や太陽光発電、定置用蓄電システムが組み合わされて提供・制御される可能性がある。事実、米国の Tesla 社の販売店を訪れると、EV に加え、太陽光発電、定置用蓄電池システムが一緒に販売されている。

　Tesla 社は、EV、太陽光発電、定置用蓄電池システム販売以外にも、EV 充電インフラ整備と EV 充電サービスも提供している。2017 年には、今後、世界中に 1 万基の充電ステーションを自社で整備する方針を明らか

図22　Tesla 社の販売店

定置用蓄電池

太陽光発電
システム

電気自動車

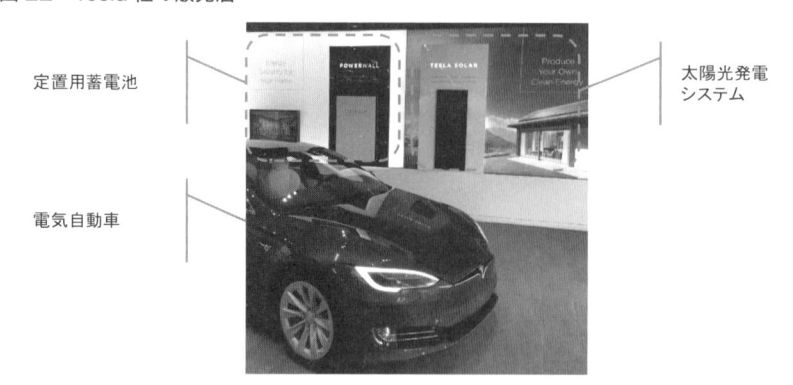

出所）筆者撮影

にしている。なかでも北米地域では、2017 年の年初比で 2.5 倍のステーションを整備することを発表している。また、Tesla 社は、これまで EV 充電スポットでの充電費用を無料としてきたが、今後は有料にする方針を発表しており、ユーザー認証と決済の仕組みの整備を進めている。これからは、EV 充電スポットが増加することで、電力系統に負荷を与えない EV 充電制御の仕組みも必要になると考えられる。

このように Tesla 社は、EV のメーカーのみならず、家庭のエネルギープロバイダーや EV のインフラ提供者として、総合エネルギー企業の一面も持っている。

なお、2017 年において Tesla 社は、EV の量産化への取り組みに時間を要している。Tesla 社が量産化を実現するためには、資金面や技術面におけるハードルがあり、同社の成長戦略に疑問を呈する声もある。しかしながら、前述した EV、定置用蓄電池システムと太陽光発電を組み合わせたビジネスモデルは、Tesla 社のような EV メーカに限らず、今後、さまざまな事業者によって確立されることが期待されている。

eMotorWerks 社

　eMotorWerks 社は、2010 年に米国のカリフォルニア州で設立された企業で、EV 充電器の製造販売や、EV 充電に関するプラットフォームの提供を行っている。eMotorWerks 社のビジネスモデルを図 23 に記す。eMotorWerks 社は、EV 充電器を販売して収益を獲得する一方で、EV 保有者に許諾を取り、EV をディマンドリスポンスのリソースとして活用することで、電力会社から収入を獲得するビジネスも展開している。

　eMotorWerks 社の充電ステーションには通信機能が搭載されているため、同社は、クラウドで充電ステーションを管理・制御することが可能であり、オン・オフの管理だけでなく、いつ、どのくらいの容量を充電するかなども遠隔で制御することができる。EV 保有者は、アプリなどを通じて EV を使用するタイミングを同社に伝えることができ、タイミングが合わないときは電力系統向けサービスに参加しないことを選択することもできる。

　eMotorWerks 社 は、他社の充電ステーションを活用している EV 保有者に対しても、同社のプラットフォームサービスを展開している。その際、

図 23　eMotorWerks 社のビジネスモデル

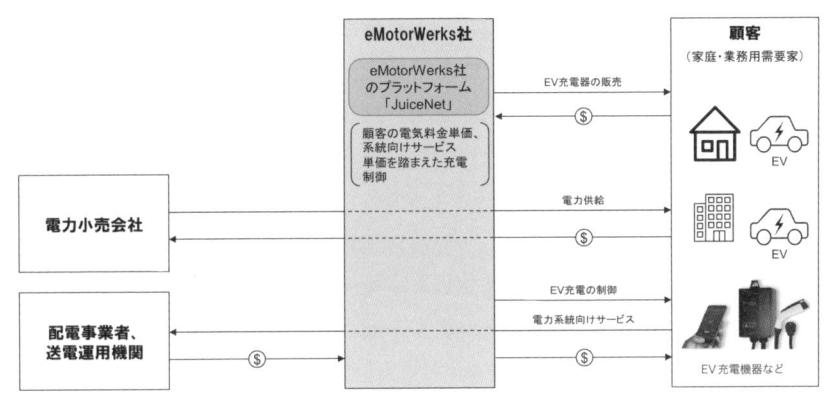

出所）　eMotorWerks社公開資料などをもとに野村総合研究所作成

同社は、バックエンドでサービス提供を行うことになる。

　eMotorWerks 社 は、2017 年にブロックチェーンを活用した新たなサービスの試験提供を開始した。具体的には、充電設備の貸し出しを仲介するプラットフォームを提供するものであり、EV ユーザーが、他の EV ユーザーに自宅の充電設備を貸し出すことが可能となる。EV 保有者が他者の充電設備を利用した際の決済をブロックチェーンで実施することで、トランザクション（取引）コストの低減と信頼性の担保を目指している。

II-1-3-3. ビジネスの成功要因

　EV を活用した電力関連サービスの成否は、定置用蓄電システムの要件と近しいものだと考えられる。ここでは、EV 搭載蓄電池特有の成功要因として、制度設計への働きかけと、EV に搭載された蓄電池システムの制御ノウハウの2つの機能を挙げる。

　1つ目は、EV を活用して電力系統向けサービスを実施するための制度設計への働きかけである。EV を活用して電力系統向けサービスを実施する場合は、電力規制当局や電力卸取引市場を運営する組織が EV の電力系統向けサービスへの参加条件や運営方法などを決定する必要がある。2017年時点では、EV を活用した系統サービス事例はカリフォルニア州など一部の地域に留まり、多くの地域では EV を活用して電力系統向けサービスを行うための制度が導入されていない状況である。そのため、当該ビジネスを目指す事業者としては、制度立案に積極的に関わることで、制度導入と同時に事業を開始し、先行者利益を得ることが事業成功のためのひとつの要因となる。

　2つ目は、EV に搭載された蓄電池システムの制御ノウハウである。定置用蓄電池システムと同様にサービス事業者は、電力系統の状況を踏まえた最適な蓄電池の充放電タイミングの予測以外にも、蓄電池寿命を勘案した最適な充放電タイミングや充放電量の決定が求められる。収益を最大化する充放電タイミングと、コストを最小化する蓄電池システムの制御ノウ

ハウは、蓄電池ビジネスの成否に影響を与える。

　一方、EV 搭載蓄電池と定置用蓄電池の相違点に起因する、EV 特有の成功要因も想定される。まず、EV 搭載蓄電池は、電力系統や家庭などの需要家に対して電力を供給する目的で設計されていないという点で、定置用蓄電池とは異なる。したがって今後、EV に搭載された蓄電池が需要家や電力系統向けに電気を放電することでさらに付加価値を獲得していくためには、EV 搭載蓄電池が EV 以外の用途に利用された場合の蓄電池寿命に与える影響を把握することが必要になる。すなわち、EV を活用して電力サービスを展開する事業者にとっては、電池寿命への影響を踏まえたうえで、最適な充放電タイミングと充放電量を決定することがビジネス成功要因のひとつとなる。

　また、EV 搭載蓄電池は、電力系統との接点の観点でも定置用蓄電池とは異なる。定置用蓄電池は、特定の接点で電力系統とつながるが、EV 搭載蓄電池は、普通充電や急速充電システムなど、さまざまな接点で電力系統とつながる。そのため、EV 搭載蓄電池がさまざまな充電方式で電力系統に電力を充放電した際の、EV 搭載蓄電池への影響を把握することが重要となる。ただし、この影響は、EV 搭載蓄電池システムに対する知見なしでは把握することが難しいと考えられる。そのため、EV 搭載蓄電池システムに対する深い理解も、EV を活用した電力系統向けサービスの成否を左右し得る。

　さらに現在、EV 搭載蓄電池を定置用蓄電池などに二次利用することも盛んに検討されている。このような EV 搭載蓄電池の二次利用が本格化してくれば、EV を活用した電力関連サービスを行う事業者にとって、EV 搭載蓄電池の EV 用途と電力関連サービス用途での利用履歴および利用履歴に伴う劣化診断技術の重要性が増すことが想定される。

II-1-3-4. 今後の見通し

　前述のとおり、EV および EV を活用した電力関連サービスは今後、普

及拡大することが想定される。しかし、電力系統制約を踏まえた充電インフラの整備や EV に搭載された蓄電池の最適利用方法に関しては依然、課題が残されている。現在、Tesla 社や新興系の企業が EV 充電インフラを整備を進めているものの、EV の普及拡大には、さらなる EV 充電インフラの整備が必要となる。

なお、EV 充電インフラの整備を電力会社が主導することで、電力系統制約も踏まえた整備が実現される可能性がある。現在、米国を中心に、電力会社が電力規制当局に対して EV の充電設備の投資の許認可を得るための答申を実施している。投資の認可を得ることができれば、投資費用を電気料金から回収できるため、急速に EV 充電設備への投資が進む可能性がある。

現状、EV 搭載蓄電池の系統サービスへの利用の多くは、EV の充電制御に留まっており、EV 搭載蓄電池から電力系統への放電は未だ限定的である。その理由としては、①蓄電池への影響、②電力系統への影響、③経済的なベネフィットの3点が不透明であると挙げられる。

1つ目として、EV に搭載された蓄電池は、EV の動力用途として設計された蓄電池であり、仮に電力系統や需要家向けに放電した場合、蓄電池の寿命や安全性に、どのような影響を与えるかが不透明である。そのため、EV メーカーは、EV 搭載蓄電池の保障範囲として EV 以外の用途を盛り込むことが現状難しい。

2つ目として、電力系統が脆弱な地域においては、EV 搭載蓄電池からの放電による電力系統への電気の逆潮流が配電設備制約から許容できないケースがある。よって、まずは EV 搭載蓄電池からの逆潮流の影響を明らかにしたうえで、逆潮流を認める電力規制制度の策定が必要となる。現状は、一部地域にて EV を活用した逆潮流の実証試験が実施されており、この結果を踏まえ、制度の方向性が決定されることが期待される。

3つ目として、EV 搭載蓄電池の技術制約や電力系統の設備制約、電力規制制度の制約がなくなったとき、最後に残るのは、EV 保有者が経済面

でのベネフィットを得られるかという点である。EV 搭載蓄電池のコスト
は、安全面やエネルギー密度の視点から定置用蓄電池のコストと比較して
高いことが想定される。EV 搭載蓄電池を定置用蓄電池として利用した場
合に、どの程度の経済的ベネフィットが得られるか、検証が必要である。

　上記のとおり、EV 搭載蓄電池から電力系統への放電も見据えたサービ
ス拡大には、複数の課題があるものの、EV の蓄電設備としてのポテンシ
ャルは大きい。EV 搭載蓄電池の容量は、今後 50kWh を超えてくると考
えられる。50kWh の蓄電池の場合、仮に燃費が 8 km ／ kWh とすると、
走行距離は 400km となる。通常の自動車保有者のなかで、一日に 400km
も利用するユーザーは稀だと想定されるため、多くの EV 搭載蓄電池は、
蓄電池容量の大半を利用することなく、EV 充電設備を介して電力系統と
つながっていることになる。この蓄電設備をどのように電力システムにと
って有効に利用するかが、今後の事業機会を考える視点となる。

　また、今後の EV 関連電力サービス事業の方向性として、EV 充電に関
する決済方法の統合化の可能性が想定される。現在の EV 充電の決済方法
は、自動車メーカーや充電インフラ提供者によって異なる。しかし、EV
ユーザーは、利便性の観点からなるべく多くの充電インフラを利用したい
と考えるため、今後は乱立する決済方法を統合化するニーズが高まる可能
性がある。また、ブロックチェーンが EV 充電決済に取り込まれることで、
例えば、自宅の EV 充電器を他人に貸し出すシェアリング事業も拡大する
可能性がある。

II-1-4. 先進ソリューション③：マイクログリッド

II-1-4-1. ソリューションの概要・背景（ドライブ・きっかけ）

　マイクログリッドは、主に米国において導入が進んでいる。DOE（De-
partment of Energy：米国エネルギー省）は、マイクログリッドの定義を「1
カ所にてコントロールが可能な、電力系統から独立した分散電源と需要の

図 24　米国におけるマイクログリッド案件

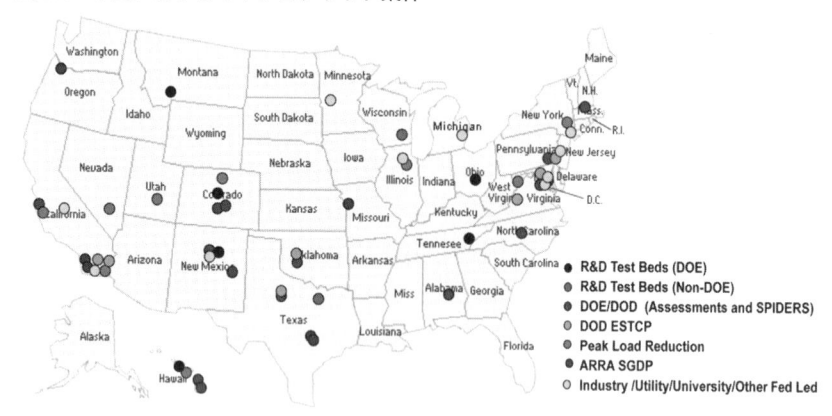

出所）DOE

　グループであり、電力系統と連携しているケースと連携していないケースがある。電力系統と連携しているケースは、電力系統と連携した運用も電力系統から独立した運用も実施できる」としている。

　米国にてマイクログリッドが拡大する背景のひとつとして、政策的支援を挙げることができる。具体的には、米国の北東部州を中心に、ハリケーンによる停電の経験から、政府が、より堅牢な電力供給システムの構築を進める支援を行っている。政府の支援を受け、堅牢な電力供給システムを望む需要家がマイクログリッドの導入を進めている。

　図 24 は、DOE が作成した北米のマイクログリッドの導入状況である。DOE によると、先に述べた北東部地域に加え、再生可能エネルギーを中心とした分散型電源が拡大している西海岸において、マイクログリッドの導入が進んでいる。米国の一部地域では、マイクログリッドが電力系統の最大需要の増加を抑えることで、電力系統設備の投資を延期させることに貢献している。

　米国以外では、離島などの僻地において、マイクログリッドの導入が進んでいる。離島などでは、ディーゼル発電機が電力供給に利用されている

が、ディーゼル発電機は石炭やガス火力発電と比較して燃料費が高いため、離島の電気代は高くなる傾向にある。そのため、再生可能エネルギーと蓄電池を組み合わせたマイクログリッドシステムが経済的に許容されやすい環境といえる。例えば、フランス領の島嶼部およびコルシカ島で2015年に実施された太陽光発電と蓄電設備の売電入札では、一般的なディーゼル発電コストを下回る価格を入札した事業者も存在した。

　ディーゼル発電を利用している地域では、太陽光発電や風力発電などの再生可能エネルギーと蓄電設備のコスト低減がマイクログリッド導入のニーズを後押しする。また、電力系統の再投資が増加する地域においても、投資を抑制するひとつの方法としてマイクログリッドが活用される可能性がある。

II-1-4-2. キープレーヤー（商品・サービス、ビジネスモデル、技術）
Engie 社

　フランスのガス公社から、電力供給も含めた総合ユーティリティとなったEngie社は、マイクログリッドに力を入れている。Engie社は、大きく4つのマイクログリッドソリューションを保有している。

　1つ目は、離島向けのマイクログリッドソリューションである。Engie社は、主にフランス領の島嶼地域を中心に、マイクログリッドソリューションを展開している。例えば、コルシカ島では4.4MWの太陽光発電と4.3MWhの蓄電池を導入している。

　2つ目は、無電化地域におけるソリューションである。Engie社はタンザニアにおいて、16kWの太陽光発電、45kWhの蓄電池、および非常用発電設備を導入し、161世帯に電力供給を行っている。また、2017年には、インドネシアのマイクログリッド関連企業であるElectric Vine Industries社と共同で、インドネシアのパプア州の3000の村に対してマイクログリッドソリューションを提供することを発表した。2017年から5年間で2.5億米ドルの投資が行われる予定であり、両社が共同でマイクログリッドの

設置、ファイナンスのアレンジ、運営・メンテナンスを実施し、20 年間にわたって電力を供給する計画である。

3つ目は、産業需要家や業務用需要家向けのマイクログリッドソリューションである。Engie 社は、フランスのトゥールーズのビジネスパークにおいてマイクログリッドの実証を行った。Engie 社は、太陽光発電や蓄電池のみならず、CHP も組み合わせる形で、堅牢かつ安価で電力を供給することを目指している。

4つ目は、家庭向けのマイクログリッドソリューションである。Engie 社の子会社である Simply Energy 社が、2016 年からオーストラリアにおいて家庭向けに太陽光発電と定置用蓄電池を組み合わせたシステムを提供している。家庭需要家は、Simply Energy 社のシステムを活用して太陽光発電の自家消費を最大化することが可能となる。

Power Analytics 社

Power Analytics 社は、米国に本社を置く、電力関連のコンサルティングから電力システムの制御ソフトウェア提供までを手がける企業である。同社は、マイクログリッド設計に関するコンサルテーションやシミュレーションなどのサポートに加え、マイクログリッドを管理するソフトウェアの提供も行っている。Power Analytics 社のマイクログリッド向けの監視・制御ソフトは、リアルタイムでのマイクログリッド内の需要と供給を把握し、電力品質や発電設備の状態監視を行いつつ、発電設備の制御を行うものである。マイクログリッドが電力系統と連携している場合は、電力系統との電気のやり取りに関する制御も行う。例えば、マイクログリッド内の発電設備や蓄電設備に余力がある場合、電力系統に対して電気を供給するか否かの判断や、そのコントロールを行う。

Power Analytics 社は、マイクログリッドを構築するプレーヤーと連携して事業展開を進めており、2015 年には、ドイツの Siemens 社と共同でニューヨーク州のマイクログリッド案件の技術検証や経済性評価を実施し

図25　マイクログリッドのビジネスモデルとキープレーヤー各社の位置付け

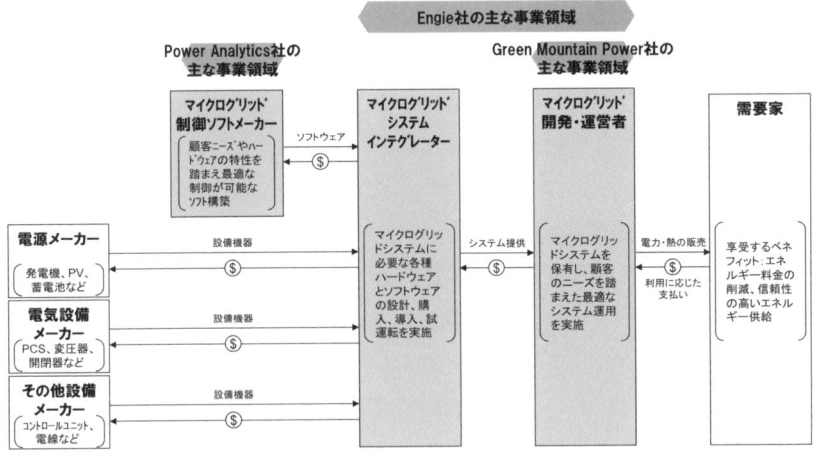

出所）野村総合研究所

ている。

Green Mountain Power 社

　電力会社自身が自社の電力系統の中でマイクログリッドを構築したケースも存在する。米国の電力会社である Green Mountain Power 社は、米国のバーモント州において学校や公共施設向けに太陽光発電設備と蓄電池システムなどを組み合わせたマイクログリッドシステムを構築した。このマイクログリッドは、Green Mountain Power 社の電力系統と接続しているが、災害時などに電力系統が停電した際には、学校や公共施設に対して電力を供給する自立運転機能を備えている。さらに当該マイクログリッドは、電力系統とも連携しているため、電力系統向けの周波数調整サービスの提供も行うことができ、Green Mountain Power 社の電力系統運用コストの低減にも寄与している。

　Green Mountain Power 社は、当該マイクログリッドを導入することで自社の送配電網への投資を回避、もしくは延期することができ、結果とし

てマイクログリッドの導入にかかる費用は、政府の補助金も勘案すると、10 年以内に回収できる見通しとしている。

　以上の各社のビジネスモデル上の位置付けを図 25 に示す。マイクログリッドビジネスにおける付加価値のポイントは複数に分かれるため、自社の強みを踏まえた事業展開が必要となる。

II-1-4-3. ビジネスの成功要因

　マイクログリッドのビジネスの成否は、顧客の状況に合わせた最適なハードウェアおよびソフトウェア選定ノウハウと、PPA の際の契約条項設定ノウハウの 2 つに大きく影響を受ける。

　まず、最適なハード・ソフトウェア選定ノウハウについて述べる。マイクログリッドでは、需要家によってマイクログリッドに導入する発電設備の種類やサイズはさまざまである。例えば、米国のニュージャージー州の鉄道会社が検討しているマイクログリッドのサイズは 100MW を超えるが、カリフォルニア州のワイナリーに導入されたマイクログリッドシステムは 35kW に留まる。マイクログリッドに対する顧客のニーズも案件によって異なる。例えば、軍事施設や公共施設の場合は、経済性よりも堅牢性を重視する傾向が強いが、商業施設などの場合は経済性を重視するケースが多い。さらに地域によっても導入される設備が異なる。日射量が多い地域では、太陽光発電と蓄電池のメリットを享受しやすいが、寒冷な地域では、ガスの価格が安ければガス発電を利用した CHP システムのほうがメリットが大きい。マイクログリッドデベロッパーは、顧客のサイズやニーズ、立地場所の特徴に応じて最適なマイクログリッドシステムを構築する必要がある。

　次に、PPA の際の契約条項の設定ノウハウに関して述べる。現在、米国のマイクログリッドのおおよそ 40％は PPA を利用している。PPA は、マイクログリッド内の需要家がマイクログリッドの設備保有者から長期間にわたり電力の供給を受け、使用量に応じた支払いを行う契約である。マ

イクログリッドの設備保有者は、PPA の電力単価を決定する際に、需要変動リスク、燃料費変動リスク、金利変動リスク、設備のダウンタイム（障害が発生して、それを利用することができない期間）リスクなどのさまざまなリスクに対して、誰がそのリスクを取り、マネジメントするのかを決定する必要がある。すべての項目は、PPA の契約書の文言に記載されるべきであり、マイクログリッドの設備保有者には、その契約書作成ノウハウが求められる。

　また、マイクログリッドに含まれる建物の所有者が複数存在する場合、意思決定者が多岐にわたるため、営業段階において関係者に対して影響力のある人物の巻き込みが必要不可欠となり、そのうえで関係者のニーズを踏まえた PPA 契約を作成する必要がある。

II-1-4-4. 今後の見通し

　マイクログリッドは、分散電源のコスト低減により、電力系統が脆弱な地域やディーゼル発電を利用しているような僻地において導入が進められると想定される。今後は、系統設備投資計画と需要予測を踏まえたうえで、どの場所にマイクログリッドを設置するとより経済メリットが大きいか、といった分析が電力会社やマイクログリッドデベロッパーらによって、盛んに実施されるようになると考えられる。

　また、電力系統への再投資の代替としてマイクログリッドの導入が進めば、電力系統上に複数のマイクログリッドが連携する電力システムが構築される可能性もある。電力系統の末端においてマイクログリッドが増加した場合の電力系統運用や電力系統設備形成のあり方は、現状の考え方とは異なることが想定されるため、今後、制度面と運用面の双方での具体的な対応方針の検討が必要となる。さらに、一部のマイクログリッドにおいて、ブロックチェーン技術を利用した P2P の電力売買が実施されることも想定される。この点については、次のブロックチェーンの節にて詳述する。

II-1-5. 先進ソリューション④：
DERMS（Distributed Energy Resource Management System：分散電源制御システム）

II-1-5-1. ソリューションの概要・背景（ドライブ・きっかけ）

　DERMS は、電力系統において分散電源（DER：Distributed Energy Resources）をマネジメントするためのシステムである。分散電源には、これまで述べた蓄電池や EV、マイクログリッド、負荷設備を制御する DR、太陽光発電などが含まれ、今後分散電源が増加することで DERMS の必要性が高まる。また、DERMS は、VPP を制御するシステムとして位置づけることもできる。

　分散電源が増加している米国のカリフォルニア州では、一部の配電系統において配電設備の制約から、分散電源が、これ以上導入できない事態が発生している。カリフォルニア州の電力会社や電力規制当局は、配電系統の制約を踏まえたうえで最適な分散電源の導入と運用を促す仕組みを検討している。また、米国のニューヨーク州においても今後、分散電源が増加すると考えられている。ニューヨーク州の電力規制当局は、配電系統の状況を踏まえた最適な分散電源の運用を実現するために、新たな分散電源の取引市場を構築することを検討している。

　カリフォルニア州やニューヨーク州では、分散電源が増加することで電力需要のピークが抑えられる一方で、電力系統への電力の逆潮流が増加することが想定されている。そのため、DERMS を活用し、分散電源を最適に制御することで、電力系統設備の投資額増加を回避することが求められている。なお、DERMS には、電力系統の状況把握機能、分散電源の制御機能、電力会社（系統運用機関、配電事業者、小売事業者）とのインターフェースと各種電力会社のシステムとの連携機能、分散電源を保有する需要家とのインターフェースなどが含まれる。

II-1-5-2. キープレーヤー　（商品・サービス、ビジネスモデル、技術）
Autogrid 社

Autogrid 社は、2011 年に米国にて設立されたベンチャー企業である。Autogrid 社は、2017 年までに 4200 万米ドルの資金を調達しており、ドイツの大手電力会社 E.ON 社や米国の電力会社 Autogrid 社に投資している。Autogrid 社は、「AutoGrid Flex」と呼ばれるプラットフォームを利用し、電力会社の DR プログラムの実施をサポートしてきた。

AutoGrid Flex は、DER リソースを管理・制御する機能、卸取引市場と連携する機能、電力会社向けのインターフェース、需要家とのインターフェースを備えており、拡張性の高いプラットフォームとして、欧米の大手電力会社により導入されている。AutoGrid Flex の顧客には、フロリダ州の FPL（Florida Power and Light）社や、カリフォルニア州の SCE（Southern California Edison）社、E.ON 社、オランダの Eneco 社など大手電力会社が名を連ねる。AutoGrid Flex は、蓄電池や EV、自家用のタービン発電機やエンジン発電機などの分散電源にも対応しており、2017 年時点で 2.6GW の分散電源のマネジメントを行っている。

Autogrid 社は、分散電源に関するさまざまなデータを取り込むことのできるプラットフォームを開発し、そのプラットフォーム上で取り込んだデータを分析することで、分散電源の発電予測や需要家の電力需要予測、電力系統の電力需要予測などを踏まえた最適制御アルゴリズムの開発を行っている。Autogrid 社は今後、さらに多くの電力会社と共同で電力系統における分散電源の最適制御の経験を積むことでデータ蓄積を行い、DERMS のプラットフォーマーを目指すと考えられる。

Con Edison 社

ニューヨーク州の Con Edison 社は、州内最大の電力会社であり、傘下に Competitive Energy Businesses、Regulated Utilities、Regulated Transmission の 3 つの部門を保有する。そのうち、Competitive Energy Businesses 部門は自由化された領域で事業を実施しており、残りの2つの部門は規制領域で事業を行っている。

　ニューヨーク州では今後、分散電源が増加することが想定されており、Con Edison 社も対応を迫られている。特に Con Edison 社の配電部門は今後、大きく3つの領域での事業拡大を目指している。

　1つ目は、分散電源の仲介である。分散電源の仲介には2つの形態が想定される。ひとつは、Con Edison 社が分散電源を売りたい人と買いたい人をマッチングすることで、仲介手数料を得るビジネスである。もうひとつは、分散電源保有者から分散電源の制御を請け負い、電力系統の状況や電力取引市場の状況を踏まえて最適制御することで手数料を得るビジネスである。後者の場合、Con Edison 社が DERMS を保有し、運用することが想定される。

　2つ目は、分散電源導入者に対するファイナンス機能の提供である。

　3つ目は、マイクログリッドの運用代行により、手数料収入を獲得するビジネスモデルである。Con Edison 社の配電部門が培った配電運用や、設備メンテナンスの機能にマイクログリッドの最適運用ノウハウを加えて当該サービスを提供することが想定される。

　Con Edison 社の配電部門は、分散電源が増加することにより、従来の系統電力販売による託送料収入が減ることが想定されるため、DERMS を活用した新たなビジネス構築を目指している。このように既存の電力会社が DERMS を活用した事業を展開することも考えられる。

II-1-5-3. ビジネスの成功要因

　DERMS のビジネスの成否は、ターゲット顧客を明確化するための規制制度の理解、分散電源制御のインプットのひとつとなる系統状況の把握方法および、さまざまなデータソースを収集し、分析できる状態にするための機能（データインテグレーション機能）を含む分散電源制御アルゴリズム構築ノウハウの3つに影響を受ける。

　電力の規制制度は、DERMS のビジネスにおいて誰が顧客になるかを決定するうえで重要な要素となる。例えば、Con Eidson 社のように配電会社が DERMS を利用するケースもあれば、電力小売事業者が他者との差別化のために DERMS を活用し、顧客の自家発電設備の最適運用を実施することも考えられる。分散電源の制御主体については、規制制度によって異なるため、DERMS 事業者には規制制度への理解が必要となる。

　また、DERMS 事業者は、電力系統の状況を把握することも必要不可欠である。現在、多くの電力会社の配電系統の設備制約状況や分散電源の導入・運転状況は完全に可視化できていない。そのため、DERMS には、配電系統の状況を把握するための機能が必要となる。しかし、すべての配電設備に状況監視のためのセンサーを設置することはコスト面で非現実であるため、DERMS は、スマートメーターのデータや部分的に導入されたセンサーデータから設備状況を推計するなどして、配電系統の状況を把握する機能が必要となる。すなわち DERMS には、実データを利用する部分と推計する部分を切り分けた配電系統監視機能が必要になると考えられる。

　最後に、分散電源の制御機能も、DERMS の重要な機能である。これまで述べてきた、蓄電池や EV、マイクログリッドなど、それぞれの設備の最適な制御方法が存在する一方で、電力系統を勘案したうえで分散電源を統合制御した際の最適な制御方法も存在する。個別の分散電源の最適化から決定されるボトムアップの制御と、電力系統の最適化から決定されるトップダウンの制御のバランスを取りつつ、分散電源の制御アルゴリズムを構築することが求められる。

　なお、分散電源の制御アルゴリズムを高度化させるためには、分散電源の発電予測、需要家の電力需要予測に必要なさまざまなデータをプラットフォームに取り込むことが必要となる。しかし、多くの場合、これらのデータは、データフォーマットや通信メディアがそれぞれに異なる。そのため、分散電源制御アルゴリズムを高度化していくためには、さまざまなデ

ータソースを分析できる状態にするためのデータインテグレーション機能が重要となる。

II-1-5-4. 今後の見通し

DERMS は、分散電源が増加した後に必要となるシステムであるため、現状は、多くの電力会社において実証試験段階に留まっている。しかしながら、欧米を中心に、数年間の実証試験を経たあとに商用化フェーズに移行することが想定されているため、今から市場参入を目指す企業が多い。

現段階において DERMS の提供を目指す企業は、分散電源が増加する欧米市場を中心に、電力規制状況などから各地域において顕在化し得るビジネスモデルを想定しつつ、他地域への汎用性が高い実証試験に参加することが望まれる。

II-1-6. 先進ソリューション⑤：パフォーマンスコントラクト

II-1-6-1. ソリューションの概要・背景（ドライブ・きっかけ）

ここまで、主に分散電源に関連するキーとなるソリューションに関して触れてきた。本節では、エネルギーソリューションのワンストップ化に関連するソリューションとして、パフォーマンスコントラクトに触れたい。エネルギーソリューションにおけるパフォーマンスコントラクトは、エネルギーコストの削減にコミットし、顧客のベネフィットの一部から収入を獲得することを指す。

パフォーマンスコントラクトの拡大は、エネルギー関連の設備機器を販売するモノ売りから、エネルギーソリューションの効果を販売するコト売りへの変化を背景としている。そして、この変化の背景としては、以下の要因が想定される。

・電力小売市場の競争激化により、成果にコミットする形でのソリューシ

ョン提供に差別性を見出す事業者の出現。

- 需要家の設備保有に対するニーズ低下やシェアリングエコノミーの拡大。
- エネルギー設備をソリューションプロバイダーが保有することによる収益の拡大可能性（一部の需要家に設置されるエネルギー設備では、ソリューションプロバイダーが保有し、需要家向けのみならず、電力系統向けにもサービスを実施することで、その設備稼働率を向上させ、収益を最大化することが可能となる場合がある。そのため、ソリューションプロバイダーが、エネルギー設備を保有するケースが拡大してきている）。エネルギーソリューションにおけるパフォーマンスコントラクトの代表例としては、ESPCやPEA（Power Efficiency Agreement）が挙げられる。

ESPC は、省エネルギーに関するパフォーマンスコントラクトである。ESPC は、省エネルギー診断、設計・施工、運転・維持管理、資金調達などのサービスを包括的に提供し、省エネルギー効果の保証を含むパフォーマンス契約を締結するビジネス形態をいう。ESPC 市場が限定的である日本とは異なり、米国には、年間数千億円規模の ESPC 市場が存在し、成長傾向にある。近年は、ESPC の M&V（Measurement and Verification：効果測定）を効率的かつ詳細に行うために、IoT 技術が活用されている。具体的には、設備利用データ、室内外気温データ、気候データ、電力の時間帯別料金データなどを収集・分析することで、ソリューション導入前後のエネルギーコスト削減効果をわかりやすく示している。

　一方、PEA は、需要家向けの定置用蓄電池のソリューションに関するパフォーマンスコントラクトである。PEA では、需要家が蓄電池を利用して得られたベネフィットに応じて蓄電池プロバイダーにフィーを支払う契約が結ばれる。需要家は、定置用蓄電池の導入コストや運営コストを支払う必要がなく、蓄電池の充放電によって得られたベネフィットから契約で決められた割合のフィーを支払う。

また、家庭向けの蓄電池市場では、定額制の電気料金メニューも提供され始めている。太陽光発電と定置用蓄電池を保有している家庭需要家に対して毎年、決まった量の kWh を定額の電気料金で提供する事業者が登場している。需要家が利用できる電力量の上限は、需要家の保有する太陽光発電と蓄電池の容量によって決定される。電気の供給量を定額料金でコミットするという点は、電力システムにおいて新しいパフォーマンスコントラクトといえる。

II-1-6-2. キープレーヤー（商品・サービス、ビジネスモデル、技術）

Ameresco 社

　Ameresco 社は、米国マサチューセッツ州に本社を置く ESPC 関連企業である。主に省エネルギーに対する感度が高い公共セクターの顧客を中心に、省エネルギー診断、設計・施工、運転・維持管理、資金調達支援など実施し、ESPC に関する数多くのプロジェクトを実施している。ESPC の多くは 10 年程度の長期の契約期間となり、長期間かけて省エネルギー投資の費用を省エネルギー効果として回収する。

　Ameresco 社は、2012 年にクラウドベースの EMS（Energy Management System）を保有する米国の Seldera 社を買収し、省エネルギープロジェクトのビジネスモデルに IT のノウハウを加えている。Seldera 社のシステムでは、省エネルギーのベンチマークや省エネルギー監査をリモートで実施できるだけではなく、リアルタイムでのエネルギーの消費状況や温度などの環境データの取得が可能である。また、省エネルギーを実現するためのコントロールや、サービス導入前のベースラインと実際の省エネルギー効果との比較などもできる。Ameresco 社は、従来の ESPC のビジネスモデルを踏襲しつつ、IT のノウハウも加えることで競争力を高めている。

Green Charge Networks（GCN）社（現 ENGIE Storage 社）

　GCN 社は、シリコンバレーで 2009 年に設立された米国のベンチャー企業である。

　2016 年には、欧州の大手エネルギー企業である Engie 社に買収され、その後、社名を ENGIE Storage 社に変更している。

　GCN 社は、主に業務用需要家に対して蓄電池を設置し、PEA を締結している。GCN 社は、需要家の負荷状況や立地などを踏まえて PEA の契約書を作成する。需要家は、PEA に従って蓄電池の充放電によって得られたベネフィット（具体的には、最大需要を下げることによる電気料金の削減や、複数の蓄電池を統合制御し、電力系統向けのサービスを提供して得られたベネフィット）に対して一定割合を GCN 社に支払う。この際、ベネフィットを GCN 社にシェアする割合は、需要家の状況を踏まえて個別に設定される。PEA は 10 年契約が基本で、10 年経過したあとは需要家が蓄電池を買い取るか、GCN 社に蓄電池を撤去させるか、PEA を延長するかを需要家が選択できる。

表5　sonnenFlat のメニュー表

	sonnetFlat 4250	sonnetFlat 5500	sonnetFlat 6750	sonnetFlat 8000
利用可能な最大電力量（kWh／年）	4,250	5,500	6,750	8,000
導入している太陽光発電(kW)	5.5	7.5	9.5	9.5
導入する蓄電池容量(kWh)	6	8	10	12
月あたりの費用 ＊蓄電池導入費用除く	19.99€	19.99€	19.99€	29.99€

出所）　Sonnen社公開資料をもとに野村総合研究所作成

Sonnen 社

　Sonnen 社は、2010 年にドイツのバイエルン州にて設立された企業であり、主に家庭向けの蓄電池システムを提供している。2015 年には、ドイツの太陽光発電併設の蓄電池販売市場において 19％の市場シェアを保有しており、国内トップシェアであった [7]。Sonnen 社は、2017 年にはドイツやオーストラリアにおいて太陽光発電と蓄電池を組み合わせた定額制の電気料金メニュー「sonnenFlat」の提供も始めている。

　sonnenFlat を利用できる需要家は、家庭需要家の中で太陽光発電を保有し、かつ Sonnen 社の蓄電池を保有している必要があり、Sonnen 社に毎月決まった金額を支払うことで、年間決まった電力量までを利用することができる。表5にドイツにおける sonnenFlat のメニュー概要を示す。需要家は、設置している太陽光発電設備と蓄電池の容量に応じて電力使用量が設定される。なお、sonnenFlat のユーザーが電力使用量の上限を超えた場合は、Sonnen 社が系統電力を提供することも可能である。

　Sonnen 社は、太陽光発電の余剰電力を蓄電池に充電し、夜間に需要家向けに放電するだけではなく、複数の定置用蓄電池を統合制御し、電力系統へのサービスを行うことで、付加的なベネフィットを得ていると想定される。Sonnen 社は、需要家に対して電気の定額制という新たなメニューを提供している一方で、複数の蓄電池を統合制御することで電力系統へのサービスや契約者間での電力も融通を行うことで、蓄電池のベネフィットを最大化していると考えられる。

　なお、2019 年 2 月、Shell 社が Sonnen 社の買収に合意したと発表した。電気の定額制など、新しいサービスの本格展開を始めていた Sonnen 社の買収は、業界では驚きをもって伝えられた。

II-1-6-3. ビジネスの成功要因

　パフォーマンスコントラクトのビジネスの成否は、契約条項の設定ノウハウと各種リスクのマネジメントノウハウに影響を受ける。パフォーマン

表6　エネルギー業界に変化をもたらすソリューションまとめ

	ソリューション	プレーヤー（例）	ドライブ・きっかけ	ビジネスの成功要因
1	BESS（蓄電池）を活用した ソリューション	・AES ・Greensmith ・Stem	1. BESSコスト低減 2. 政策的支援 3. PV導入拡大	1. 制度設計への理解と働きかけ 2. 蓄電池システムの設計ノウハウ 3. 蓄電池システムの制御ノウハウ
2	EVを活用したソリューション	・Tesla ・eMotorWerks	1. 既存自動車に対する規制 2. 電力系統制約	1. EV×電力システムに関連する制度 　設計への働きかけ 2. EVに搭載された蓄電池システム制御 　ノウハウ
3	マイクログリッド（複数電源に よる需要家へのPPA）	・Engie ・Power Analytics ・Green Mountain Power	1. 政策的支援 2. 分散電源コスト低下	1. 顧客の状況に合わせた最適なハード・ 　ソフトウェア選定ノウハウ 2. PPAの際の契約条項の設定ノウハウ
4	複数需要家リソース統合制 御による系統へのサービス （DERMS）	・Autogrid ・Con Edison	1. 分散電源の増加 2. 電力系統制約	1. 規制・制度理解 2. 系統状況把握方法 3. データ収集・分析機能
5	パフォーマンスコントラクト	・Ameresco ・Green Charge Networks ・Sonnen	1. 電力小売市場の競争環境 　拡大 2. 需要家の設備保有に 　対するニーズの低下	1. 契約条項の設定ノウハウと各種リスク 　のマネジメントノウハウ

出所）野村総合研究所

スコントラクトでは、制度リスク、燃料価格変動リスク、設備保全リスク、信用リスク、金利変動リスク、需要変動リスクなど多岐にわたるリスクを、誰が、どのように負い、マネジメントするかを設計し、リスクに基づいた適切なリターンを設定することが事業の肝となる。そのうえで、事業者は、自らが負うリスクと、そのリターンを見積もる必要がある。

　例えば、米国の大手 ESPC プロバイダーは、「契約条項の設定ノウハウとリスクを分散するためのネットワークは 10 年以上かけて培ってきたものだ」とコメントしている。新たに事業を開始した事業者や新たな地域に参入する事業者にとっては、このようなノウハウをいかにして短期間に獲得するかがビジネス展開を行ううえでのポイントとなる。

II-1-6-4. 今後の見通し

　設備機器利用データやエネルギー供給・需要データの取得、蓄積、分析コストのさらなる低減は、各種エネルギーソリューションの効果を向上させるのみならず、需要家に対してソリューション導入前と導入後の差異（ソ

リューションによるベネフィット）の見える化を行うことを容易にする。このように、より簡易に効果検証が実施できるようになることで、パフォーマンスコントラクトに関連するエネルギーソリューションは今後、拡大することが想定される。

　また、社会全体として設備保有ニーズが低下し、シェアリングエコノミーの概念が浸透することで、GCN 社や Sonnen 社のモデルが拡大することも想定される。さらに、電力小売における競争激化がパフォーマンスコントラクトを促進させる可能性もある。なぜなら、パフォーマンスコントラクトは、需要家に対してエネルギーソリューションの効果を直接的に訴求できるのみならず、多くのパフォーマンスコントラクトは10年などの長期に及ぶため、需要家を囲い込む効果も期待できるためである。一方で、パフォーマンスコントラクトの提供を検討する事業者は、契約に関する幅広いリスクの洗い出しや、自らがテイクするリスクとリターンの設定に関するノウハウを今から身につける必要がある。

　以上、これまで見てきた5つのソリューションに関して、表6に、ソリューションの概要・背景（ドライブ・きっかけ）、キープレーヤー、事業の成功要因、今後の見通しをまとめた。

II-2. 先進ソリューションを支えるキー技術

　本節では、先進ソリューションを実現するうえで特にキーとなる技術を紹介する。

II-2-1. ブロックチェーン

　ブロックチェーンは、分散型ネットワークで、データや取引の正確性を保証するシステムである。ブロックチェーンは、ビットコインに代表されるような仮想通貨など金融業界での活用例が多いが、エネルギー分野での

活用に向けた検討も進んでいる。

ブロックチェーンは、大きく分けて3つの用途に分けることができる。

1つ目は、「価値情報（数値）の移転の記録」である。例えば、太陽光発電にて売電した量を分散型ネットワークで記録することで、データ改ざんのリスクを減らすことなどが考えられる。ナスダック市場は、ブロックチェーンを使った太陽光発電の発電量の電力証書市場活性化を構想している。

2つ目は、「財やサービスの権利の所在と移転の記録」である。例えば、仮想通貨の代表例であるビットコインは、ブロックチェーン技術を利用した財の移転と考えることができる。また、電力システムにおいても、太陽光発電が発電した電力をソーラーコインとして売買できる仕組みが検討されている。

3つ目は、「取引や手続きの登録」である。取引や手続きの登録は、通常契約書という形で当事者間で実行される。ブロックチェーンの場合は、契約書が分散型ネットワーク上で管理されることで、契約書の改ざんなどのリスクを下げつつ、取引を実行することが期待される。電力においては、例えば、EV の充電を実施する際に、「どのタイミングで、どの程度の容量を、いくらで充電する」といった契約事項が、あらかじめ充電インフラ保有者と EV 保有者の間で決定されている。EV 保有者は、その契約内容に従って充電する。

ドイツの大手電力会社 RWE 社は、ブロックチェーン技術を提供するドイツの Slock.it 社と共同で、2016 年に「Blockcharge」というシステムを開発した。Blockcharge では、EV 保有者がスマートプラグを購入し、あらかじめ登録した街中のコンセントにプラグを差し込んで電気自動車の充電を行う。この際、充電情報（利用者・日時・充電量・料金）がブロックチェーン上に記録される。この仕組みにより、透明性の高い取引が実現可能となる。

ブロックチェーンは、分散電源を保有したプロシューマー（コンシュー

マーとプロデューサーを組み合わせた造語）間での電力売買を加速させる可能性がある。ブロックチェーンの3つの用途を利用することで、プロシューマーが、どのタイミングで、どの程度電力を、いくらで売電・買電するかを決めた契約内容をブロックチェーン上に記録し、その内容に基づいて分散電源を制御する。電力の売買の記録もブロックチェーン上に記録され、その記録に基づいて発生した価値の移転が仮想通貨によって支払われる。

このようにブロックチェーンは、中央制御型の電力システムを自立分散型に変える可能性を秘めており、ブロックチェーンによる自律分散型電力システム構築に向けた実証試験が、すでに世界各国で始まっている。

一方でブロックチェーンの活用拡大には、標準化・法規制の整備などの課題も存在している。例えば、標準化に関しては、厳密にはブロックチェーンの定義が明確に定まっておらず、2016 年頃から国際標準化機構（ISO）や企業によるコンソーシアムが設立され、標準化の議論が開始されている状況である。また、法制化に関しては、各国においてブロックチェーンに対する法規制への取り組み状況が大きく異なっており、一部の国に関しては、ブロックチェーンを活用した事業を展開する際のハードルとなっている。

ブロックチェーンは現在、数多くの実証試験が実施されており、P2P の自律分散型システムを促進するドライバーとなる可能性を保有している。しかしながら、標準化・法規制の整備といった課題も存在している。エネルギー関連企業は、やみくもにブロックチェーン技術を取り入れるのではなく、ブロックチェーンを活用した場合と既存技術を活用した場合のメリットとデメリットを比較したうえで、メリットを享受できるケースを見極める必要がある。

II-2-2. ワイヤレス給電

2017 年は、EV 充電向けのワイヤレス充電設備が本格的に販売され、「ワ

イヤレス給電元年」といえる。米国にて 2009 年に設立された EVATRAN 社は、傘下の Plugless Power 社を通じて EV 向けの無接点充電器を販売しており、2017 年時点で Tesla 社のみならず、ゼネラルモーターズや BMW、日産自動車の EV に対応している。EV の無接点充電が可能となれば、ユーザーの利便性が向上し、EV の普及を加速させる可能性がある。

　WiTricity 社は、マサチューセッツ大学からスピンアウト（独立）して設立された無接点充電技術を保有する企業である。WiTricity 社は、EV のみならず、携帯電話やパソコン、産業機械など幅広い領域での無接充電技術の活用を検討しており、多くの企業に対して無接点充電技術のライセンスを提供している。日本企業では、トヨタ自動車や IHI、TDK がライセンス供与を受けている。

　また、Energous Corporation 社は、米国にて 2012 年に設立され、2014 年にナスダック市場に上場した企業である。Energous Corporation 社は、「WattUp」という製品名で家庭内の電気製品を無接点充電するシステムを開発している。ユーザーは、WattUp のトランスミッターをリビングに設置すると、リビングにある携帯電話や携帯ゲーム機、リモコン、スマートウォッチなどに充電される仕組みである。充電を受ける機器は、「レシーバー」と呼ばれる縦横 3 mm 程度のチップを内蔵する必要がある。WattUp は、家庭の電気製品を Wi-Fi のように充電することをコンセプトにしている。

　今後、EV や家庭の電気製品が無接点充電によって給電されれば、ユーザーの利便性が向上するのみならず、配線工事などのコストも低減することが想定され、電化を加速させる要因となる。

II-2-3. 音声エージェント／ホームオートメーション

　2017 年は、音声を使って電化製品をコントロールしたり、ほしい情報を聞いたりするサービス（音声エージェント）が一般化した年といえる。音声エージェントは、Amazon Echo や Google Home が先行しているが、

2018 年には、アップルも音声エージェント端末を発売すると見られている。

　音声エージェント端末は、アマゾンが 2014 年に発売し、2016 年 12 月までに各社の音声エージェント端末の累計販売台数が 1000 万台を超えた。2020 年には全世界での販売台数が 1.5 億台を超えるという見通しもあり、今後普及が急速に進むことが想定される。NRI は、2023 年までに日本国内においても音声エージェントの世帯普及率が 50％弱になる可能性があると予測している。

　ユーザーは、Amazon Echo や Google Home を利用して、家電のオン・オフや空調の温度設定などが実施できる。Amazon Echo では、アマゾンのネットショッピングを通じて音声のみで買い物ができ、Google Home は、テレビに接続したグーグルクロームを通じて音声でユーチューブの再生や映画の再生ができる。なお、Amazon Echo に対応したアプリケーションは、2017 年 1 月現在で約 7000 個存在する。ただし、月 1000 件ペースで増加しており、ユーザーの利便性が高まっている。

　米国の一部の電力会社は、このボイスコンピューティングを活用して顧客囲い込みができないかを検討している。テキサス州の電力会社である TXU Energy 社は、Amazon Echo 向けのアプリケーションを開発した。TXU Energy 社の顧客は、Amazon Echo を介して電気料金や契約内容の確認、自分に合った契約を聞くことができる。例えば、Amazon Echo に「先月の電気料金はいくらだった？」や「電気料金が安くなるメニューは？」などと質問すると回答が返ってくる。また、顧客に合った省エネルギーアドバイスも実施する。

　今後は、ボイスコンピューティングを通じた EV の充電制御なども想定される。例えば、ユーザーがボイスコンピューティングに「18 時に子供を保育園に迎えに行くから、充電しておいて」と話しかけると、当該時刻までに、最適な電気料金のタイミングで充電を行う。もし、EV の充電が間に合わない場合は、保育園までの走行時間を勘案して途中の急速充電機

の予約と、そこまでの経路をカーナビに設定したうえで、ユーザーが何時に家を出る必要があるかを音声で教えてくれる。

ボイスコンピューティングが DR のイベントの実施内容を教えてくれることも考えられる。ユーザーが DR のイベントに参加している場合、ボイスコンピューティングが、いつイベントが発生するかや、どの設備を、どの程度負荷抑制するかを音声で通知してくれる。ユーザーは、その時間に家を留守にしたり、イベントの前に冷房を強くすることで部屋の温度を下げておくなどの対応が可能となる。

ここまで見てきたように、ボイスコンピューティングが、ユーザーとエネルギー会社をつなぐコミュニケーションツールとなる可能性がある。ボイスコンピューティングは、セキュリティ、見守り、オンデマンド放送、家電の自動制御、e コマースなど、幅広い領域への活用が期待されるため、エネルギー会社が顧客を囲い込む際の橋頭堡となることが期待される。

コラム：先進市場の環境・制度
エネルギー業界の変革をリードする市場の状況とは？

本章では、エネルギー業界に大きな変化をもたらすソリューションを概観し、それぞれが登場してきている背景と事業実施上の成功要因、および今後の見通しを見てきた。一方で、各ソリューションを有するキープレーヤーを見てみると、彼らの事業展開エリアに米国のニューヨーク州やカリフォルニア州、ドイツなどが多いことが見て取れる。それではなぜ、これらの国・地域で先進的なソリューションが登場してきているのだろうか。

本章で見てきたように、先進ソリューションが登場してきている背景には、BESS や太陽光発電設備のコスト低減などの技術革新が一因となっている一方で、国・地域の市場環境や規制・制度によるところも大きい。エネルギー業界は、自由化が進みつつあるとはいえ、国の市場環境や規制・制度に大きく影響を受ける業界なのである。

国内においては、東日本大震災以降、電力・ガスシステム改革に関する議

論が加速し、2016年4月には電力の小売全面自由化、翌2017年4月には
ガスの小売全面自由化が開始された。これまで、限られた事業者が電力・ガ
スの小売販売を行ってきたが、自由化以降、エネルギー業界以外からも多様
な事業者が業界に参入し、顧客獲得競争を繰り広げている。

しかしながら、電力・ガス事業の公共性が高いことに変わりはなく、エネ
ルギー業界に身を置く事業者は、国が定める多くの制度・規制を遵守しなが
ら事業展開を行うことが求められる。国の低炭素化目標の達成という観点か
らも、各事業者に課せられるルールが重要な役割を果たすことになることは
いうまでもない。

ただし、電気・ガス事業に係る制度・規制については、世界で普遍的なも
のがある訳ではない。それぞれの国や地域における電源構成や、その地理的
分布、需要家のエネルギー消費の特性、国・地域における再生可能エネルギ
ーの導入目標や導入状況は多種多様であり、結果として、そこでエネルギー
事業を行う事業者に課せられる制度・規制も多様である。

図 26　ニューヨーク州における分散型太陽光発電設備導入量予測

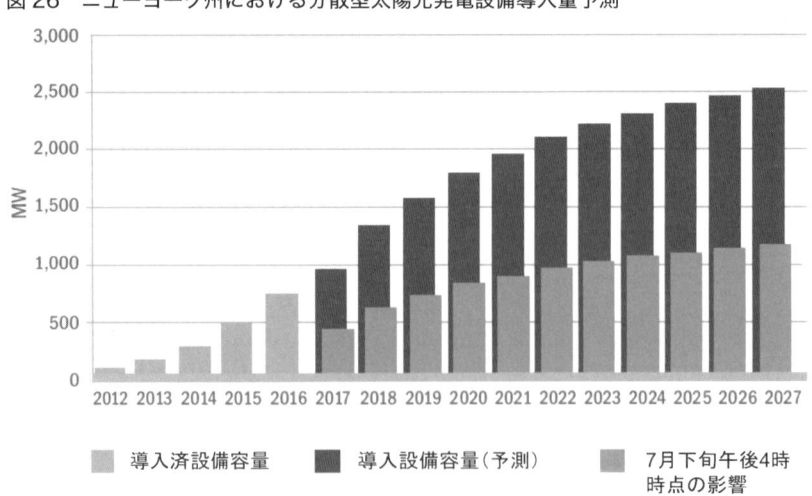

出所）　New York ISO

　では、本章で紹介してきた先進的なソリューションが登場してきている市場は、エネルギーに関連して、どのような目標を掲げ、どのような制度・規制が導入されているのだろうか。ここでは、エネルギー業界の変革をリードしている市場として、ニューヨーク州とカリフォルニア州を取り上げ、それぞれの市場環境や導入されている制度について概観する。

（1）ニューヨーク州

　ニューヨーク州は、エジソンが電球を発明・実用化し、1881 年に世界に先駆けて電灯事業を開始した地である。翌年の 1882 年には、エジソンが同地で世界初の水力発電を始めており、エネルギー産業の先駆けとなった地域である。

　ニューヨーク州では近年、エネルギーシステムの分散化が急速に進展している。政策的な後押しもあって、ビハインド・ザ・メーターの太陽光発電が急速に拡大しており、2020 年代前半には、設備容量ベースで 2 GW もの分散型太陽光発電が導入されると予測されている。

　エネルギーシステムの分散化が進むなかで、2014 年にアンドリュー・マーク・クオモ州知事が発表したのが「REV（Reforming the Energy Vision）」と呼ばれるエネルギーシステムの改革である。これは、ニューヨーク州が設定する 2030 年までの温室効果ガス削減目標を実現しながら、エネルギーシステムの分散化が進展するなかで、分散電源をエネルギーシステムの中で有効活用することを目的とするものである。

　ニューヨーク州は、低炭素化に向けて積極的な目標を掲げており、温室効果ガスの排出量を 2030 年までに 1990 年比で 40％、2050 年までに 80％削減するとしている。合わせて、2030 年までに消費電力量に占める再生可能エネルギーの比率を 50％に増やす目標も設定している。

　REV では、温室効果ガスの削減目標に加えて、エネルギーシステムの合理化、クリーンエネルギー関連のイノベーションの促進、エネルギー分野での需要家の選択肢の拡大、既存のエネルギーシステムの強化、新規雇用の創出、

化石燃料への依存率低減、運輸部門のクリーン化、省エネルギーの促進などがゴールとして掲げられている。

　REV の特徴は、電力システムを大規模集中型から小規模分散型へと移行することを目的として、分散電源の推進に主眼に置かれていることである。これには、ニューヨーク州の需要地が地理的に偏在しており、従来の中央集中型の電力システムでは運用が非効率になることと、2012 年のハリケーン・サンディによる被害を契機として、分散電源を活用したエネルギーの安定供給に対するニーズが高まったことが背景にある。

　ニューヨーク州の電力システムは、需要地が地理的に偏在しているのが特徴である。世界を代表する大規模需要地であるニューヨーク市で州内の電力需要の 7 割を占めるとされている一方で、主たる再生可能エネルギーである水力発電や風力発電は州西部や北部に立地している。

　そのため、ニューヨーク州の低炭素化に関する目標を達成するためには、再生可能エネルギーを州の西部・北部から需要地の南東部まで、長距離にわたって送電してくることが必要となる。一方で、送配電インフラの経年化が進んでおり、今後、州西部や北部からの長距離送電を拡大していくことは、大規模な設備更新が必要になるという点で合理的ではない。こうした背景から、需要地または、その近傍に分散電源を配置することで、大規模な投資を行うことなく効率的に低炭素化を実現することが REV により目指すところである。

　また、2012 年にニューヨーク市を襲ったハリケーン・サンディも、電力システムの分散化を促す契機となった。ハリケーン・サンディは、米国東部のニュージャージー州に上陸後、ニューヨーク市を直撃し、高潮による地下鉄などの浸水をはじめ、合計 850 万件の停電が発生した。また、交通機関の麻痺、経済活動の停止など甚大な被害をもたらした。REV では、ハリケーン・サンディの被害を教訓として、エネルギーシステムの分散化により、エネルギーシステムをより強靭なものにすることを謳っている。

　ニューヨーク州の電力供給システムの地理的特性や災害対策を背景として

提唱された REV であるが、電力システムの分散化への対応として配電事業改革が行われている。より具体的には、分散電源の拡大に伴い配電事業者に新たな役割が求められるとして、分散電源の拡大を踏まえた設備計画の策定や、配電系統のより細かな単位での運用、分散電源や分散電源が提供するサービスが円滑に取引できる市場の運営などを、配電事業者が担うことに関して検討が進められている。分散電源の拡大を見据えて配電事業のあり方の見直しを行っているという点では、REV は他に例を見ない先進的な取り組みであるといえる。

（2）カリフォルニア州

カリフォルニア州もニューヨーク州と同様、再生可能エネルギーの導入に積極的な地域である。むしろ、環境政策の面では全米をリードしているといえるだろう。

カリフォルニア州は、2006 年に温室効果ガスの排出量に関する州法「AB 32（Assembly Bill 32）」を法制化し、2020 年までに 1990 年と同水準、2050 年までに 1990 年比で 80％削減することを義務化している。

州政府は、これを実現するために、エネルギー供給事業者が供給する電力量に占める再生可能エネルギーの比率を定める「RPS（Renewables Portfolio Standard）制度」を導入しており、2020 年までに再生可能エネルギーの比率を 33％、2030 年までに 50％にすることとしている。

ここで注目すべきは、RPS で供給が義務付けられている「再生可能エネルギー」の定義に、大規模水力発電が含まれていないことである。この点で、同様の目標を掲げるニューヨーク州よりも、分散電源に特化した厳しい要件が課されているといえる。

なお、2017 年 8 月現在、カリフォルニア州は 2045 年までに小売事業者が供給する電力の 100％を再生可能エネルギー由来にするという新たな RPS 制度の導入に向けて検討を進めている。導入されれば、全米ではハワイ州に次いで 2 番目に供給電力量の全量を再生可能エネルギー由来にする州と

なる。

　一方で、カリフォルニア州は、2000 年に発生した大停電を契機に電力自由化に向けた動きを停止しており、カリフォルニア州内のエネルギー供給事業者は、その事業内容について州の規制を強く受けている。結果としてカリフォルニア州では、エネルギー供給事業者主体というよりも、州政府が温室効果ガスを削減するための活動を推進している。

　例えば、カリフォルニア州には、州内の再生可能エネルギーの比率を高めることを目的とした、蓄電システムの導入義務に関する「AB 2514（Assembly Bill 2514）」が存在する。カリフォルニア州では、AB 2514 が BESS の活用拡大に寄与していることは本章で述べたとおりである。

　カリフォルニア州では、再生可能エネルギーの導入拡大に伴う「ダックカーブ現象」が問題視されており、これが AB 2514 導入のドライバーとなっている。ダックカーブ現象とは、太陽光発電を中心とした再生可能エネルギ

図 27　カリフォルニア州における「ダックカーブ」

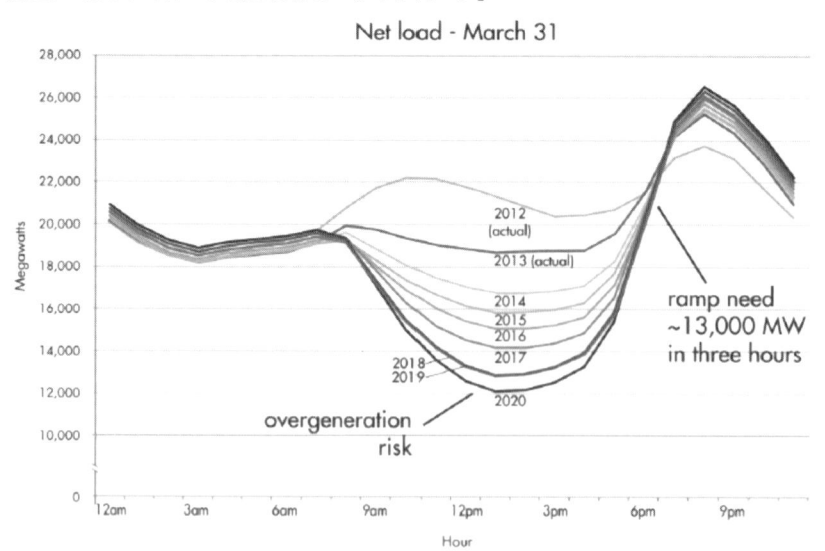

出所）　California ISO

一の導入に伴い、電力需要から再生可能エネルギーの発電分を差し引いた「正味の電力需要」の 24 時間の変動を見たときに、日中は「正味の電力需要」が太陽光発電の影響で小さくなっている一方で、太陽光発電の発電量減少と電力需要の拡大が同時に発生する夕方以降、この「正味の電力需要」が急激に増加する現象を指す。諸説あるが、この「正味の電力需要」の曲線の形がアヒルの形に類似していることから、「ダックカーブ」と呼ばれている。

　図 27 で示すように、カリフォルニア州では、特に 17 時以降の「正味の電力需要」の伸びが顕著であり、CAISO によれば、2016 年時点では、「正味の電力需要」が夕方の 3 時間で 10GW 以上伸びている。1 日の最大電力需要が 26GW 程度であることから、この伸びが非常に急峻であることが理解できるだろう。

　このダックカーブ現象が年々顕著になってきているため、より「柔軟な」発電設備・リソースが求められるようになっている。停電を発生させることなく、安定的に系統を運用するためには、時々刻々と変化する発電量と電力需要を常に一致させる必要があるが、再生可能エネルギーの拡大に伴い発生する 17 時以降の急激な「正味の電力需要」の伸びに対応できる発電設備・

表 7　AB2514 により定められた IOU 別蓄電システム導入義務量

年		2014	2016	2018	2020	Total
Southern California Edison (SCE)		90	120	160	210	580
	送電	50	65	85	110	310
	配電	30	40	50	65	185
	需要家設置	10	15	25	35	85
Pacific Gas & Electric (PG&E)		90	120	160	210	580
	送電	50	65	85	110	310
	配電	30	40	50	65	185
	需要家設置	10	15	25	35	85
San Diego Gas & Electric (SDG&E)		20	30	45	70	165
	送電	10	15	22	33	80
	配電	7	10	15	23	55
	需要家設置	3	5	8	14	30
Total		200	270	365	490	1,325

単位：MW

出所）California Public Utilities Commission 資料をもとに野村総合研究所作成

リソースが必要になっているのである。

　こうした背景を受けて、カリフォルニア州では、前出の AB 2514 が導入された。これにより、あとで紹介する PG&E 社を含む 3 つの IOU（Investor Owned Utility：私営ユーティリティ）は、2020 年までに合計約 1.3GW の蓄電システムの導入が義務付けられることとなった（表7）。カリフォルニア州では、蓄電システムを系統に導入することで、再生可能エネルギーの増加に伴う電力供給の変動に対応し、さらに多くの再生可能エネルギーを導入することを目指している。

　もうひとつ、カリフォルニア州の取り組みで特徴的なのは、将来的に EV が電力系統の中で活用されることを見据えた実証を行っている点である。具体的には、EV の充電に要する電力需要を受電点メーターとは別のサブメーターで計測することの実証を進めている。

　同実証に参加する家庭需要家は、家庭の電力需要を計測するための受電点メーターとは別に、EVPS（EV 充電器）に取り付けたメーターで EV への充電量を計測することで、EV への充電分については家庭とは別の電気料金メニューを適用するというものである。

　本章でも述べたとおり、従来、EV への充電に伴う電力消費量ついては、電柱から家庭へと電線を引き込む受電点で一括して計測していた。すなわち、EV への充電量は家電と同様、家庭の電力需要の一部として計測され、それをもとに電力会社から電気料金が請求されていた。

　一方で EV は、搭載されている電池容量が大きく、家庭の電力需要に対して EV への充電量が一定の割合を占めることや、将来的には EV から系統へと電力を流す V2G（Vehicle to Grid）が想定されることなどから、EV の充放電量を家庭とは別に計測することの有効性が検討されている。

　カリフォルニア州では、特に EV ユーザーの電気料金プランの選択肢拡大という視点から、規制当局が PG&E 社ら IOU とともに EV の個別計量に関する実証を進めている。PG&E 社が取り組む実証の内容については、次章で紹介したい。

第 III 章

エネルギー主要プレーヤーの動向：

～エネルギーシステムの変革に
大手プレーヤーはどう挑んでいるのか?～

第Ⅰ章で見てきたように、近年の再生可能エネルギー関連技術やICT技術の発展などを背景に、エネルギー業界には今、「エネルギーシステムの分散化」と「エネルギーサービスのワンストップ化」という変革の波が押し寄せている。こうした大きな変革の潮流のなかで、蓄電池やEVを活用した新しいソリューションが生まれてきているのは、第Ⅱ章で見てきたとおりである。

　エネルギーシステムの分散化やエネルギーサービスのワンストップ化の進展とともに、エネルギー供給のバリューチェーンの中でも、配電部門や小売・関連サービスの付加価値は高まっていくと想定される。一方で、将来的には、大型の火力発電や原子力発電に代表される中央集中型の発電による付加価値は減少していくと考えられる。長期的には、分散電源を活用した配電レベル以下での需給調整が実現されることで、送電部門の付加価値も低減していくことになるだろう。

　これらのエネルギー業界における付加価値の変化は、エネルギー事業者のこれまでのビジネスモデルの前提を根底から覆すものである。付加価値が大きく変化するなかで、既存のエネルギー事業者がこれまでの事業領域を維持していては、現状の事業規模を維持することは極めて困難になることが想定される。

　それでは、従来から需要家に対して電力・ガスを供給してきた既存のエネルギー事業者はエネルギー業界の大きな変革の潮流に対して、どのように対応しようとしているのだろうか。表8は、エネルギー供給事業者や大手機器・サービスサプライヤーがエネルギーシステムの変革に対して、どのような取り組みを進めているかを「エネルギーシステムの分散化」と「サービスのワンストップ化」の視点でまとめたものである。ここから、「エネルギーシステムの分散化」に対しては、多くのエネルギー事業者が取り組みを始めている一方で、「サービスのワンストップ化」に関しては、電力・ガスのセット販売以外では取り組み状況に差異があることが見て取れる。

　エネルギーの主要プレーヤーは、エネルギーシステムの変革に対して、

表8　エネルギー供給事業者および大手機器・サービスサプライヤーの動向

分類		事業社名	「エネルギーシステムの分散化」に関する動向						「サービスのワンストップ化」に関する動向						
									エネルギー関連				エネルギー以外		
			BESS	ESPC	EV / EVPS	Micro Grid	DR / VPP	DERMS	電気	ガス	熱供給	水道	Facility Manage-ment	Security	Home Auto-mation
エネルギー供給事業者	欧州	E.ON	✓	✓	✓	✓	✓	✓	✓	✓			✓		
		Enel	✓		✓	✓	✓	✓	✓	✓				✓	✓
		Engie	✓	✓	✓	✓	✓	✓	✓	✓	✓	✓	✓		✓
		Centrica	✓	✓	✓	✓	✓	✓	✓	✓			✓	✓	✓
	米国	ConEdison	✓	✓	✓	✓	✓		✓	✓					
		PG&E	✓	✓	✓		✓		✓	✓					
		Direct Energy	※ 親会社のCentrica社を通じて提供						✓	✓			✓	✓	✓
		Constellation	✓	✓			✓		✓	✓			✓		✓
大手機器・サービスサプライヤー		GE	✓		✓	✓	✓	✓							
		Siemens	✓	✓	✓	✓	✓	✓							

※ 実証試験など、部分的な取り組みも含めて実施している場合は「✓」とした。

出所）各社公開資料などをもとに野村総合研究所作成

どのような取り組みを行っているのであろうか。また、一部プレーヤーが先進的な取り組みを始めているのには、どのような背景があるのだろうか。

　本章では、特にエネルギーシステムの分散化とエネルギーサービスのワンストップ化が進んでいる欧米において、エネルギー供給事業者（電力・ガス会社）や大手機器・サービスサプライヤーが変革の波に、どのように対応しようとしているのかを見ていきたい。

III-1. エネルギー供給事業者 （電力・ガス会社）の動向

　欧米を中心に、エネルギーシステムの分散化とエネルギーサービスのワンストップ化が進展しているが、国や地域別に見てみると、その進展度合いにはばらつきがある。結果として、そこでエネルギー供給事業を展開する事業者の取り組み状況も、国や地域によって差異が見られる。

　図28は、エネルギーシステムの分散化とエネルギーサービスのワンストップ化が進む欧米の各国・地域を、再生可能エネルギーの導入目標と、家庭部門のスイッチング率で分類したものである。なお、ここでスイッチ

図 28　国・地域別の大手エネルギー供給事業者の主な動向

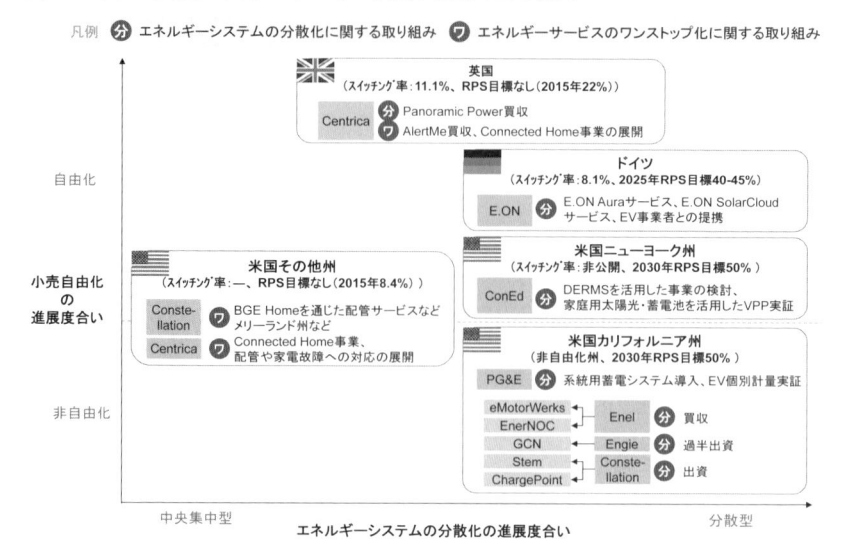

注）スイッチング率：従来の電力会社から他の事業者へ切り替えた家庭需要家の比率（2014年）
出所）欧州エネルギー規制機関（ACER）・欧州エネルギー規制者評議会（CEER）公表資料などより、野村総合研究所作成

ング率とは、従来の電力会社から他の事業者へ切り替えた顧客数を指す。図28では、各国・地域で事業展開する大手エネルギー供給事業者の取り組みも合わせて整理しているが、ここから市場の特徴とエネルギー事業者の取り組みに関する傾向が見て取れる。すなわち、再生可能エネルギーの導入が進み、エネルギーシステムの分散化が進展しつつある市場では、エネルギー供給事業者が分散電源関連サービスを取り込む動きが活発である一方で、自由化が進展し、エネルギー供給事業者間の顧客獲得競争が激しくなっている市場では、エネルギーサービスのワンストップ化の動きが見られる点である。

　ドイツ、米国のニューヨーク州およびカリフォルニア州は、2030年までに再生可能エネルギーの占める比率を50％近くにまで高めるという積極的な目標を掲げている。結果として、同市場で展開するエネルギー供給事業者にも、エネルギーシステムの分散化に対応するための動きが多く見

られる。例えば、ドイツの大手エネルギー供給事業者である E.ON 社は、太陽光発電と蓄電池をセットで販売し、家庭の自家消費を促すサービスを展開したり、EV 事業者との連携を進めたりしている。また、ニューヨーク州では、配電会社の Con Edison 社が DERMS を活用した事業拡大の検討や、家庭用太陽光と蓄電池を活用した VPP の実証試験を進めている。

　再生可能エネルギーの導入に積極的なカリフォルニア州でも同様に、PG&E 社が系統用蓄電システムの導入や、EV の個別計測に関する実証を行っている。ただし、前章で述べたとおり、カリフォルニア州は非小売自由化州であり、PG&E 社をはじめとする IOU は州政府の規制を強く受けることから、IOU は、ベンチャー企業など他の事業者と連携しながらエネルギーシステムの分散化への対応を進めている。例えば、PG&E 社が行っている EV の個別計測に関する実証は、カリフォルニア州で EV 充電ステーションのサービスを展開する eMotorWerks 社などのベンチャー企業と連携しながら進めている。

　カリフォルニア州に関してもう 1 点注目すべきは、同州内で事業を行うエネルギー関連ベンチャーの多くに、大手エネルギー供給事業者の資本が入っていることである。米国国内のエネルギー供給事業者である Constellation 社以外にも、世界的にエネルギー供給事業を展開するイタリアの Enel 社やフランスの Engie 社も、カリフォルニア州のベンチャー企業に対して積極的に買収・出資を行っている。特にカリフォルニア州では、エネルギーシステムの分散化を背景に、先進ソリューションを有するベンチャー企業が多く、大手エネルギー供給事業者は、これらの企業の買収や出資、提携などを通じて、新規ソリューションを取り込む動きを加速している。

　一方で英国は、自由化が進展し、エネルギー供給事業者間の顧客獲得競争が激しいのが市場の特徴である。2014 年のスイッチング率は 11.1％で、自由化が進む EU 内でも高い水準にある。結果として、顧客囲い込みの手段として「エネルギーサービスのワンストップ化」の動きが見られ、エネ

ルギー事業者は、従来のエネルギー供給事業だけではなく、他のサービスも組み合わせることで顧客が享受するメリットの最大化を図っている。例えば、英国で British Gas ブランドでエネルギー供給事業を展開する Centrica 社は、エネルギー供給のみならず、遠隔での家電制御や家庭のセキュリティ管理を行う「コネクテッド・ホーム事業」を展開している。

　エネルギーサービスのワンストップ化の動きは、自由化がなされているその他の国・地域でも見られ、米国でも大手エネルギー供給事業者の Constellation 社や Direct Energy 社（親会社が Centrica 社）が配管工事などエネルギー供給に関連するサービスを展開している。

　以降では、エネルギー業界の変革に対して、それぞれの国・地域で事業を展開するエネルギー供給事業者がどのように対応しているか、より具体的に見ていきたい。

III-1-1. ドイツでのエネルギー供給事業者の動向：E.ON 社の例

　ドイツをはじめとする欧州は、エネルギーシステムの分散化とエネルギーサービスのワンストップ化が世界で最も進んでいる地域のひとつである。

　欧州各国は、再生可能エネルギーの導入に関して非常に意欲的な目標を掲げている。EU は、2030 年までに温室効果ガスの排出量を 1990 年比で 40%削減する目標を掲げており、EU 各国でも再生可能エネルギーの導入促進に向けた各種政策が実施されている。

　特にドイツでは、電気料金の上昇や太陽光発電システムの価格低下に伴い、家庭部門では、電力会社から電気を購入するよりも家庭に太陽光システムを設置して自家消費したほうが電気料金が安くなる「グリッド・パリティ」にすでに到達しているともいわれている。グリッド・パリティに達すると、太陽光発電を設置して自家消費することが経済的に成り立つため、太陽光発電の拡大が一気に進むことになる。

　その点ドイツは、エネルギーシステムの分散化が世界に先駆けて進みつつある国ということができる。この変化に対して、大手エネルギー供給事業者は、どのように対応しようとしているのだろうか。ここでは、ドイツで事業展開を行うエネルギー供給事業者として、E.ON 社を紹介したい。

　E.ON 社は、エッセンに本社を置く大手エネルギー供給会社で、エネルギー供給の顧客数が欧州全土で 2200 万人を超える、欧州最大規模のエネルギー供給事業者である。本社を置くドイツを含め、スウェーデンや英国、イタリア、ルーマニア、チェコなどで、電力やガスの供給を行っている。

　E.ON 社は、配電やガスの配送を行う「エネルギーネットワーク事業」、電力やガスの小売を含む「顧客ソリューション事業」、再生可能エネルギー発電所の保有・発電を行う「再生可能エネルギー事業」、および「原子力発電事業」を手掛けている。これらのうち、原子力発電を除く 3 つの事業を今後注力する「コア事業」と位置づけ、企業買収や新規事業の開発な

表 9　E.ON 社グループの概要（2016 年）[8]

会社名	E.ON
本社所在地	ドイツ・エッセン
事業内容	●コア事業 ・エネルギーネットワーク(Energy Networks) ・顧客ソリューション(Customer Solutions)：電力・ガス小売を含む ・再生可能エネルギー（Renewables） ●非コア事業 ・原子力発電(PreussenElektra)：子会社を通じて展開
主な事業展開エリア （顧客ソリューション事業）	ドイツ、スウェーデン、英国、イタリア、ルーマニア、チェコ、ハンガリーなど
売上高	38173 百万ユーロ
顧客数	2230 万人
発電設備容量	運営再生可能エネルギー発電所　合計 5.3GW ／ 保有再生可能エネルギー発電所　合計 4.6GW、 原子力発電所　合計 8.1GW
販売電力量	149.0TWh
ガス販売量	148.6TWh

出所)E.ON社公開資料などをもとに野村総合研究所作成

表 10　E.ON 社の事業内容

分類	事業名	主な事業内容	事業展開状況
コア事業	エネルギーネットワーク（Energy Networks）	✓ 配電・ガスの配送	✓ RAB※が190億ユーロ（ドイツ：107億ユーロ、スウェーデン：39億ユーロ、中央・東ヨーロッパ：44億ユーロ）
	顧客ソリューション（Customer Solutions）	✓ 電力・ガスの販売、熱供給 ✓ 新規サービス（オンサイト発電、VPP、省エネサービスなど）	✓ 顧客数2200万以上（ドイツ：610万、英国：700万、その他EU：920万） ✓ 新規サービスの顧客数40万
	再生可能エネルギー（Renewables）	✓ 再生可能エネルギー発電所の保有・発電	✓ 再生可能エネルギー発電量：11.6TWh ✓ 洋上風力発電所のプロジェクトを2カ所建設中 ✓ 再生可能エネルギーへの投資100億ユーロ以上
非コア事業	原子力発電（PreussenElektra）	✓ ドイツ国内における原子力発電	✓ 6つの原子力発電所を保有（2022年までにすべての運転停止を予定）

※　Regulated Asset Base：公共サービスにおける資産価値を指し、規制事業におけるサービスの費用算定に用いられる。

出所）E.ON社公開資料などをもとに野村総合研究所作成

どに積極的に取り組んでいる（表9、表10）。

　E.ON 社は、電力システムの変革の波に大きく影響を受け、企業体の変容を迫られた会社といえる。

　ドイツでは、2000 年に再生可能エネルギー法が施行され、固定価格買取制度が導入されて以降、太陽光発電や風力発電の導入量が爆発的に増加した。これらの電源は燃料費が不要であるため、運転時に燃料費を要する従来型の火力発電よりも優先して市場で取引されている。結果、再生可能エネルギーの増加に伴い、卸電力価格の低下や従来型火力発電設備の稼働率の低下により、発電事業者の収益性が悪化していることが大きな問題となっている。

　E.ON 社は、上記のようなドイツ国内の事情を背景に、2016 年 12 月に自社を 2 つの企業体に分割した。具体的には、石炭やガスなどの従来型発電部門およびトレーディング部門を Uniper 社として切り離し、分割後の新生 E.ON 社は、前出の再生可能エネルギー発電部門、配電部門、小売を含む顧客サービス部門に特化することとしている。

　なお、原子力発電については、引き続き E.ON 社傘下の PreussenElektra 社で保有・運営を行っている。ただし、ドイツ政府は、国内の原子力

発電の稼働を2022年までに完全に停止することを2011年に決定しており、PreussenElektra社も2017年10月現在、稼働している原子力発電所6基を順次閉鎖する予定である。このため、E.ON社は、原子力発電事業を他のコア事業と切り分け、「非コア事業」と位置づけている。

E.ON社は、こうした組織体制の変更も含めて、再生可能エネルギーや顧客サービス関連のサービスを拡充する動きを見せている。特にコア事業と位置づける「顧客ソリューション」の一環として、再生可能エネルギーを中心とする分散電源に関連するサービスを強化している。ここでは、なかでも家庭向け太陽光・蓄電関連サービス「E.ON Aura」および「Solar-Cloud」、そしてEV関連の取り組みに着目したい。

「E.ON Aura」は、E.ON社が2016年4月に提供を開始した家庭向けサービスで、SolarWatt社と共同で開発した蓄電システムを販売し、希望する顧客には太陽光発電システムの販売や、特別な電気料金メニューの適用を行うというものである。なお、SolarWatt社は、ドレスデンに本社を置く蓄電システムメーカーである。

E.ON社は、同蓄電システムの運用により、家庭の電力需要の自家消費比率を30％程度から70％程度にまで高められるとしている。また、蓄電システムの容量は基本的に4.4kWhであるが、11kWhまで容量を拡充することも可能であり、幅広い電力需要の家庭に対して適用可能である。

E.ON Auraの顧客は、E.ON社から再生可能エネルギー由来の電力の供給を受けることも可能である。これにより、顧客は、家庭の太陽光発電で発電した電力と合わせて、家庭で消費する電力の100％を再生可能エネルギー由来とすることが可能である。

太陽光発電に関連するさらに進んだサービスとしてE.ON社が2017年4月に始めたのが、図29に示す「E.ON SolarCloud」と呼ばれるサービスである。

これは、E.ON社がE.ON Auraの太陽光発電および蓄電池を保有している需要家に対して提供しているサービスで、家庭需要家が太陽光発電の

図29　E.ON SolarCloud のサービス内容

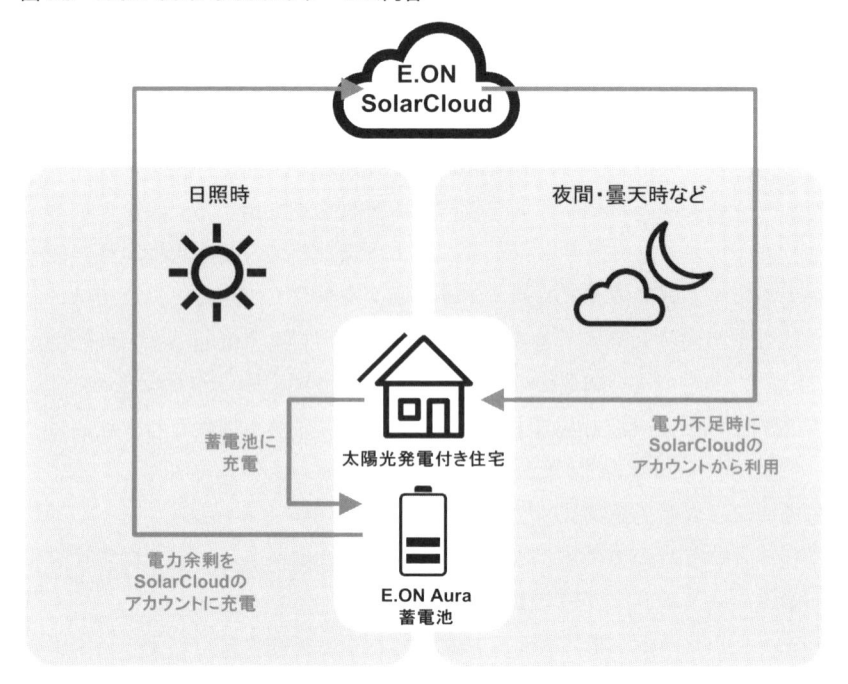

出所）　E.ON社公開資料などをもとに野村総合研究所作成

余剰電力を仮想的な「電力口座」に蓄電することができ、電力が不足する
ときには、いつでも「電力口座」から電力を活用できるというもので、い
わば家庭需要家がクラウド上に蓄電池を持っているかのように太陽光発電
の余剰電力を活用できるサービスである。需要家は、アプリで「電力口座」
に貯まっている残量をいつでも確認することができる。

　月額21.99ユーロ以上（2017年10月現在）のサービス料金を払えば、
同サービスに加入でき、月額26.99ユーロ以上（2017年10月現在）を払
えば、追加で太陽光発電の発電量監視サービスや、フランスのAXA社に
よる太陽光発電システムの補償を受けることも可能である（表11）。家庭
に設置した太陽光発電の発電量が十分あれば、「電力口座」を活用するこ

表 11　E.ON SolarCloud のサービスメニュー

	E.ON SolarCloud	E.ON SolarCloud Premium
サービス代金	月額 €21.99～	月額 €26.99～
太陽光発電の「電力口座」への充電サービス	✓	✓
E.ON Aura太陽光発電システムの発電効率監視サービス		✓
太陽光発電の出力補償		✓

出所）E.ON社 "E.ON Facts and Figures 2017" をもとに野村総合研究所作成

とにより、家庭で消費した電力の全量を太陽光発電で賄うことも可能である。

これらの家庭向けのサービスに加えて、E.ON 社は、EV 関連のサービスで、各事業者との提携や共同事業を進めている。例えば、日産自動車と提携し、デンマーク国内で日産自動車の EV を購入したユーザーに対して、E.ON 社の電力の充電の費用を 3 年間無料にするサービスを展開している。また、E.ON 社は、欧州を中心に時間貸駐車場事業を展開する EasyPark 社と提携している。両社は提携により、EV 利用者が EasyPark アプリで EV 充電ステーションの場所の確認ができたり、駐車や充電の料金を一括で支払えるサービスを展開している。

これらの E.ON 社の動きが特徴的なのは、太陽光発電や蓄電システム、EV に代表される分散電源に関連するサービスを積極的に取り込んでいる点にある。

先に述べたとおり、ドイツでは、すでにグリッド・パリティに達しているとされており、需要家が自ら太陽光発電を設置して自家消費する動きが急速に拡大してきている。これは、電力会社からの電力に対する依存度が低下し、電力会社と需要家の関係性が希薄になっていることを意味する。E.ON 社が太陽光発電の自家消費を促進する蓄電システムの販売や EV

113

表 12　E.ON 社の分散電源サービス関連の主な出資先

会社名	本社所在地	設立年	概要
Elcore	ドイツ・ミュンヘン	2007 年	燃料電池を活用した家庭向け暖房システムを製造・販売。
Greensmith（※現親会社はWärtsilä 社）	米国・バージニア州	2008 年	BESS 制御システムを構築。蓄電システムの寿命延伸や市場環境、制度・ルールに合わせた収益最大化するような制御が可能。
Opower（※現親会社はOracle 社）	米国・バージニア州	2007 年	エネルギー供給会社向けにカスタマー・エンゲージメントや省エネルギーに関するソフトウェアを提供。

出所）E.ON 社公開資料などをもとに野村総合研究所作成

関連のサービスを展開するのは、電力システムの分散化に関連するサービスを自ら取り込み、希薄化する顧客との関係を維持・向上するためである。従来、電力を供給することによる電気料金を収益としてきた E.ON 社が太陽光発電による自家消費を促すことは、自社のビジネスモデルを否定する動きにも見える。特に大手エネルギー供給会社であり、多くの顧客を抱える E.ON 社が、こうしたサービスを展開すれば、需要家の自家消費の動きをますます助長することになるだろう。それでも E.ON 社が電力の分散化に関連するサービスを展開するのは、同社が、こうしたエネルギーシステムの変化が不可避のものと見ており、それに乗り遅れまいと自ら蓄電システムや EV などの分散電源に関連するサービスを取り込もうとしているためといえる。

　分散電源を取り込む動きは、同社のベンチャー企業に対する出資や提携の動きからも見て取れる。表 12 は、E.ON 社が近年に買収・出資をしてきた分散電源サービス関連の企業を示す。

　Opower 社は、エネルギー供給会社向けにカスタマー・エンゲージメントや省エネルギーに関するソフトウェアを提供する会社である。同社は、エネルギー供給会社の顧客向けに、ウェブサイトや携帯電話を通じて、電力・ガスの利用状況や料金に関する情報提供を行うシステムを構築している。同社のシステムが特徴的なのは、スマートメーターから得られるデー

タなどを分析して、同様の需要家などと比較しながら、顧客にとって最適な媒体・タイミングなどで省エネルギーに関する情報提供を行う点である。現在、Pacific Gas & Electric 社や Exelon 社など、全世界で 100 社を超える電力・ガス事業者と提携しており、米国では電力会社上位 20 社のうち、約 75％が同社サービスを利用している。

　ここまで見てきたように、E.ON 社は、太陽光発電・蓄電池システムの販売や「電力口座」を活用した新しい電力サービスを開始している。また、EV 関連事業者をはじめとした事業者と連携し、ときには買収・出資も行いながら、従来のエネルギー供給から離れて、分散電源に関連するソリューションを自社に取り込んでいる。これにより、同社は、再生可能エネルギーの普及に伴うエネルギーシステムの分散化への対応を図っているといえるだろう。

III-1-2. 米国ニューヨーク州でのエネルギー供給事業者の動向： Con Edison 社の例

　ニューヨーク州もまた、再生可能エネルギーの導入に積極的な地域である。第Ⅱ章で述べたように、ニューヨーク州は、電源が地理的に偏在していることやハリケーン・サンディで甚大な被害を受けたことを背景に、中央集中型の電源システムから分散型システムへの以降を目指している。このニューヨーク州でガス・電力・熱供給事業を行っているのが Con Edison 社である。ここでは、エネルギーシステムの分散化に対する Con Edison 社の取り組みを紹介したい。

　Con Edison 社は、事業セグメントごとに企業体が構成されており、ニューヨーク市やウェストチェスターでエネルギー供給事業を展開する Con Edison of New York、ニューヨーク州南東部やペンシルバニア州を中心にエネルギー供給を行う Orange & Rockland、再生可能エネルギー発電所などの開発・保有・運用を行う Con Edison Clean Energy Businesses、

表13 Con Edison 社グループの概要（2016 年）[9]

会社名	Consolidated Edison
本社所在地	ニューヨーク州
事業内容	電力・ガス・熱供給 送電・天然ガス輸送 再生可能エネルギー発電開発・運営
主な事業展開エリア	ニューヨーク州など
売上高	121億ドル
顧客数	1000万人
発電設備容量	発電設備非保有
販売電力量	56.7TWh
ガス販売量	89.5TWh（144334MDt）

出所）Con Edison 社公開資料などをもとに野村総合研究所作成

送電や天然ガスの輸送を行う Con Edison Transmission から構成される。2016 年時点では、Con Edison of New York がグループ全体の売上高の81％を占めており、ニューヨーク州でのエネルギー供給事業が事業の柱となっている。

　前章で見たように、Con Edison 社が事業展開するニューヨーク州では、REV をはじめとしてエネルギーシステムの分散化を見据えたエネルギーシステムの改革が推し進められている。こうした州政府の分散電源の活用推進に関する政策を反映して、Con Edison 社も、エネルギーシステムの分散化への対応に向けた取り組みを進めている。ここでは、Con Edison 社の VPP に関する取り組みについて紹介したい。

　Con Edison 社は 2016 年 6 月より、太陽光発電と蓄電池を組み合わせたシステムを統合制御する VPP の実証プロジェクトを開始している。

　VPP とは、複数の分散電源を統合制御し、あたかも 1 つの発電所かのように制御する技術を指す。Con Edison 社の VPP 実証では、分散設置された太陽光発電と蓄電池システムを統合制御し、需要家のピークカットや非常時の電力供給のみならず、系統向けに周波数制御や DR などのサービスに活用することを想定している。

　Con Edison 社が分散制御するシステムは、米国SunPower 社の太陽光発電と米国Sunverge 社の蓄電池システムで構成され、需要家の家庭などに設置される。計画では、1年間で約300 ～ 400 のシステムを導入するとし、約1.8MW（4 MWh）の蓄電池リソースをVPP として統合運用するとしている。プロジェクトのコストは1500 万ドルと見込まれている。

　ここまでは一見、E.ON 社が「E.ON Aura」のブランドで太陽光発電や蓄電池を販売するモデルと類似するように見えるが、Con Edison 社のモデルの特徴は、太陽光発電と蓄電池から構成されるシステムそのものはCon Edison 社が保有し、需要家にリースする方式を採っている点にある。本実証では、20 年間の無利子のリースにてシステムを導入することが可能となっている。これにより、需要家は初期導入費用を負担することなく、一定の月額料金を支払えば太陽光発電および蓄電池活用のメリットを受けられることになる（図30）。

　こうしたCon Edison 社のVPP に関する取り組みは、エネルギーシステムの分散化が進展し、電力供給のあり方が変化していくなかで、州政府の分散電源推進に関する目標も反映しつつ、Con Edison 社が新たなビジネスモデルを模索していると見ることができるだろう。

図30　Con Edison 社のVPP 実証におけるモデル

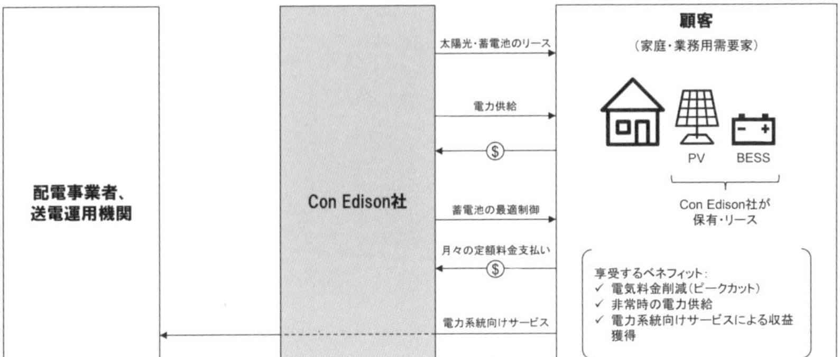

出所）Con Edison 社公開資料などをもとに野村総合研究所作成

III-1-3. 米国カリフォルニア州でのエネルギー供給事業者の動向

　カリフォルニア州もニューヨーク州と同様、再生可能エネルギーの導入に積極的な地域であり、世界で最もエネルギーシステムの分散化が進展している地域のひとつといえる。一方で、非小売自由化州であり、州内のユーティリティが規制当局の規制を受けていることが同州の特徴である。

　ここでは、カリフォルニア州でエネルギー供給事業を展開する事業者として、PG&E 社の取り組みを紹介する。また、州内のベンチャー企業への出資・買収を進める大手エネルギー供給事業者の例として、Constellation 社、Enel 社、そして Engie 社を取り上げる。

III-1-3-1. PG&E 社の例

　PG&E 社は、サンフランシスコに拠点を置く、電力・ガス会社である。カリフォルニア州の北部から中部までを管轄しており、1600 万人に対してガス・電力の供給を行っている。カリフォルニア州の中部から南部までを管轄している Southern California Edison 社（SCE 社）、州南部の都市サンディエゴを中心に管轄する San Diego Gas & Electric 社（SDG&E 社）とともに、「IOU」と呼ばれている。

表14　PG&E 社グループの概要（2016 年）[10]

会社名	Pacific Gas and Electric（PG&E）
本社所在地	サンフランシスコ
事業内容	電力・天然ガス供給
主な事業展開エリア	カリフォルニア州
売上高	17666百万ドル
顧客数	電力：535万、天然ガス：444万
発電設備容量	7691MW
販売電力量	83.0TWh
ガス販売量	5.9億㎥（1960億ft³）

出所）PG&E社公開資料などをもとに野村総合研究所作成

　前述のとおり、カリフォルニア州は、脱炭素化に向けた取り組みで世界をリードしている一方で、2000 年の大停電を契機として自由化に向けた動きは停止している。非自由化州であるだけに、PG&E 社を含む IOU は、州の規制機関である CPUC から各種の規制を受けている。

　例えば、蓄電システムの導入に関する規制 AB 2514 が一例である。再生可能エネルギーの導入拡大を背景に、系統の安定運用のためにより柔軟性の高いリソースの導入が求められるようになり、それを受けて CPUC が 2020 年までに IOU 合計で約 1.3GW の蓄電システムの導入を義務付けたのは、前章で述べたとおりである。

　PG&E 社は、AB 2514 の施行を受けて、各種蓄電システムのプロジェクトを進めている。2017 年 2 月には、Tesla 社の系統用蓄電システム「Powerpack」を同社として初めて導入した。サクラメント北部に位置するブラウンズ・バレーに合計 0.5MW（2 MWh）導入し、電力系統の需給調整に活用するとしている。Tesla 社の Powerpack は拡張性があるため、今後の電力需要の増加に合わせてユニットを増強することも可能とのことである。また、PG&E 社は、カリフォルニア州のベイエリアの家庭に対して、Tesla 社の家庭用蓄電池である Powerwall の導入も検討している。カリフォルニア州は、域内の電源の老朽化が進んでおり、かつ新規電力設備の建設が難しいことから、分散電源に対する期待が大きく、これが需要家に蓄電池を導入するひとつの要因になっていると考えられる。

　AB 2514 を受けて、他の IOU も蓄電システムの導入を加速しており、SCE 社は、2017 年 1 月だけで合計 160MWh もの蓄電システムを Tesla 社と Greensmith Energy 社から導入している。SDG&E 社も同様に、AES 社から合計 37.5MW（150MWh）の蓄電システムを導入している。カリフォルニア州では、2015 年 10 月にロサンゼルス郊外の天然ガス貯蔵施設でガス漏れ事故が発生し、これが IOU の蓄電システム導入を加速した遠因となったといわれる。これは、アライソ渓谷にある天然ガス貯蔵施設でメタンが流出した事故で、何千人もの近隣住民が避難を余儀なくされた、米

国史上最大のガス漏れ事故である。この事故により、天然ガス燃料が不足したため、結果として柔軟な電源リソースとして蓄電システムに対するニーズが高まり、導入スケジュールが前倒しされたといわれている。

AB 2514 施行を背景とした蓄電システムの導入に加えて、PG&E 社は、EV の個別計測に関する実証も進めている。規制当局 CPUC の指令を受けて、家庭部門および商業部門の顧客に対して、EV の電力需要を、その他の電力需要と分けて計測することの実証を2つのフェーズに分けて行っている。

2017 年 1 月から実証の第 2 フェーズを開始しており、2018 年 4 月末までの約 15 カ月間、実証を行う。実証開始後 3 カ月間程度で、500 を上限として実証に参加する顧客を募集する。実証に参加する顧客は登録後 12 カ月にわたって、EV への充電量を個別に計測し、充電に要した料金については、PG&E 社が設定する EV 充電用の料金メニューが適用される。EV への充電量の計測にあたっては別途計測器の設置が必要になるが、これは、CPUC が事前に選定した「MDMA（Meter Data Management Agent）」と呼ばれる事業者が行う。なお、MDMA は、ChargePoint 社、eMotorWerks 社、Kitu Systems 社の3社であり、計測器の導入費用など

図 31　PG&E 社の実証における計測方法

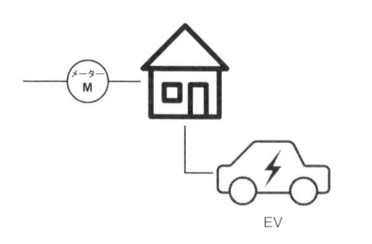

現状

✓ 家庭の電力需要とEVの充電に伴う電力需要はメーターMで一括して計測され、同じ電気料金メニューが適用される。

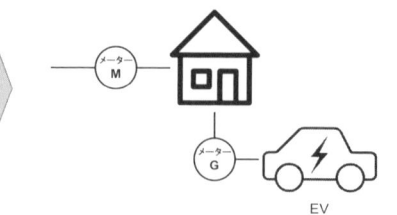

カリフォルニア州でのPG&E社の実証

✓ メーターGを設置することで、家庭の電力需要とEVの充電に伴う電力需要を分けて計測する。
✓ 電力会社は、家庭とEVとで別の電気料金メニューを適用することが可能となる。

出所）PG&E 社公開資料などをもとに野村総合研究所作成

は各社が個別に設定する。

　規制当局CPUCやPG&E社は、この実証を通じて顧客の選択肢を拡大するとともに、EVユーザーの燃料費を抑えることを目的としている。日本を含め多くの国では、計量法で定められていないメーターのデータをもとにした系統運用や顧客に対する料金請求などは行えないが、カリフォルニア州では、こうした実証を通じて、EVをはじめとする分散電源が拡大した世界における計測のあり方についても模索しているといえるだろう。

　ここまで見てきたとおり、PG&E社は、蓄電システムやEVをはじめとして分散電源に関する取り組みを進めているが、非自由化州とあってCPUCが定める制度や規制の影響を色濃く反映したものとなっている。反対に、PG&E社らIOUの事業展開上の自由度が狭いこともあって、エネルギー以外のサービス提供も含めた顧客サービスのワンストップ化の動きは限定的といえる。

III-1-3-2. ベンチャー企業への出資・買収を進める大手エネルギー供給事業者

　PG&E社をはじめとするIOUの事業が規制を強く受けている一方で、カリフォルニア州では、ベンチャー企業の動向が盛んである。前章で紹介した蓄電池サービサーのStem社やGreen Charge Networks（GCN）社（現ENGIE Storage社）、EV充電ソリューションを有するeMotorWerks社らは、カリフォルニア州を拠点に展開する事業者であり、ほかにも先進ソリューションを有する多くの企業が同州で事業を行っている。PG&E社らIOUは、ときにはこれらのベンチャー企業と連携しながら、州政府が定める各種の制度・規制への対応を進めている。

　一方で、カリフォルニア州を拠点とし、先進ソリューションを有するベンチャー企業には、大手エネルギー供給事業者の子会社となっている企業や、大手エネルギー供給事業者から出資を受けている企業も多い。米国国内の大手エネルギー供給事業者のみならず、世界的に事業を展開す

るエネルギー供給事業者も、カリフォルニア州で展開するベンチャー企業の買収・出資を積極的に行っている。ここでは、先進ソリューションを有しながら、カリフォルニア州で事業を展開する ChargePoint 社、GCN 社、eMotorWerks 社を取り上げ、それぞれを買収・出資するエネルギー供給事業者と、その背景を紹介したい。

(1) Constellation 社の ChargePoint 社への出資

ChargePoint 社は、カリフォルニア州に拠点を置く、EV 充電ステーション・ソフトウェア事業者である。同社は、米国北東部のボルティモアに拠点を置く電力・ガス供給事業者である Constellation 社（表15）から出資を受けている。

ChargePoint 社は、EV 充電ステーションのハードウェア製造からソフトウェア開発までを行っている。2007 年に設立されたベンチャー企業であるが、すでに同社は、カリフォルニア州を中心に 42500 カ所の充電ステーションのネットワークを保有している（2017 年 11 月現在）。

EV ユーザーは、スマートフォンにアプリをダウンロードすれば、充電可能なステーションの所在地を調べることができる。すでに BMW や日産自動車などの自動車メーカーとも提携しており、米国内では BMW i3

表15　Constellation 社の概要（2016 年）[11]

会社名	Constellation
本社所在地	ボルティモア
事業内容	電力・天然ガス供給
主な事業展開エリア	メリーランド州など米国 17 州およびワシントン DC
売上高	314億ドル
顧客数	2200万
発電設備容量	35.5GW
販売電力量	205TWh
ガス販売量	4500万㎥（16億 ft³）

出所）Constellation 社公開資料などをもとに野村総合研究所作成

やリーフのナビゲーションシステムで充電ステーションの所在地を調べることも可能である。EV ユーザーは、ChargePoint 社のアカウントを通じて充電料金の支払いを行うことも可能である。なお、現状の制度の下では、EV の充電にかかった電気料金は充電ステーションを保有している事業者に課金され、電力会社が EV ユーザーに対して直接課金することができない。すなわち、EV を、ある公共施設に設置された充電ステーションで充電した場合、電力会社から充電に要した料金を請求されるのは、EV ユーザーではなく充電ステーションが設置された公共施設となる。

　ChargePoint 社のアプリに登録された EV 充電ステーションの場合も同様であり、電力会社から直接請求がくるのは充電ステーションの保有者である。ただし、ステーションの保有者は、事前に充電料金単価を設定し、ChargePoint 社のアプリに登録しているため、充電ステーションを使用した EV ユーザーや、そのときの充電量が特定され、EV ユーザーに対して課金することが可能となっている。なお、充電ステーションの保有者が個別に料金設定を行うため、充電ステーションによって価格が異なることに

図 32　ChargePoint 社のサービス概要

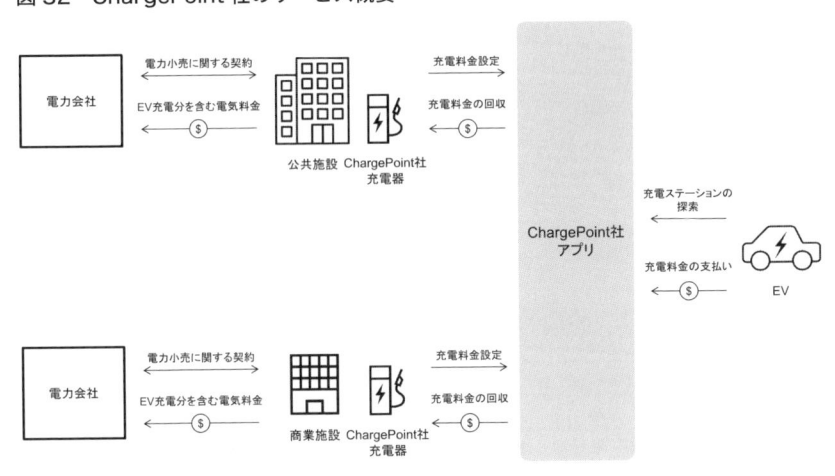

出所）ChargePoint社公開資料などをもとに野村総合研究所作成

なる。

　一方で、エネルギー供給事業者が EV への充電を家庭などの建物の電力需要の一部とみなす従来の方式ではなく、EV への充電量を建物の電力需要と切り離して個別に計測する実証もカリフォルニア州で始まっているのは、前章で述べたとおりである。

　Constellation 社は、傘下の Constellation Technology Ventures 社（CTV社）を通じて、各種ベンチャー企業に対する出資を積極的に行っており、ChargePoint 社以外にも、蓄電池を活用したサービスに強みを有する Stem 社や、需要制御ソフトウェアに強みを有する eCurv 社と Power-house Dynamics 社、そして分析の基盤となるプラットフォームに強みを持つ C3 IOT 社らに対して次々と出資・提携を行っている。Constellation 社が、これらのパートナリングを通じて、エネルギーシステムの分散化においてキーとなる技術・サービスを獲得してきていると見ることができる。

(2) Engie 社の Green Charge Networks 社への出資

　GCN 社は、前章でも紹介したとおり、需要家設置の蓄電池を制御する

表 16　Engie 社グループの概要（2016 年）[12]

会社名	Engie
本社所在地	フランスのラ・デファンス
事業内容	発電 天然ガス（および液化天然ガス）販売など エネルギーサービス
主な事業展開エリア	フランスを含む世界 70 カ国
売上高	666 億ユーロ
ガス・電力供給契約数	2300 万
発電設備容量	117.1GW
発電電力量	506.3TWh
天然ガス供給量	1082TWh（1050 億㎥）

出所）Engie 社公開資料などをもとに野村総合研究所作成

ことにより、電気料金の削減を行っている事業者である。同社は、需要家と電気料金の削減に関するパフォーマンスコントラクトを締結し、電気料金の削減額を需要家とシェアすることで、事業を拡大してきている。

　GCN 社は、2016 年 5 月にフランスの大手エネルギー供給事業者である Engie 社からの過半出資を受けている。Engie 社は、フランスに事業基盤を有する大手エネルギー供給事業者であり、フランスガス公社 GDF と Suez 社が合併してできた GDF Suez 社が、2015 年に業態の変化に合わせて社名を変更してできた企業である。グループの祖業である天然ガス事業では、供給量が 1082TWh にも上り、液化天然ガスの輸入量や天然ガスの配給ネットワークでは欧州最大規模を誇る。また、電力事業においてもグループで 112.7GW の発電容量を有しており、欧州の有力エネルギー事業者のひとつである（表 16）。

　中央集中型の従来型の電源から電力供給を行っていた Engie 社が蓄電

表 17　Engie 社の分散電源サービス関連の主な出資先

会社名	本社所在地	設立年	概要
EV Box	オランダ・フレヴォラント	2009 年	EV 充電ステーションの販売および関連サービスを展開。 欧州内で 40000 以上の EV 充電ステーションに対してスマート充電サービスを展開。
Green Charge Networks	米国・カリフォルニア州	2009 年	カリフォルニア州などで、主に業務・産業分野の需要家に対して蓄電池を活用したエネルギーサービスを展開。
Tendril Networks	米国・コロラド州	2004 年	電力会社・小売事業者向けに、カスタマー・エンゲージメントを目的としたプラットフォームを展開。 各需要家の電力使用量を可視化し、需要家に対する通知などにより省エネルギー行動を促し、顧客との関係強化を行うとともに、電力会社・小売事業者の需要家理解を促進。
Kiwi Power	英国・ロンドン	2009 年	業務・産業分野の需要家を束ねて、系統運用機関に対して調整力の提供などを行う DR アグリゲーター。
Opus One Solutions Energy Corporation	カナダ・オンタリオ州	2011 年	スマートグリッドのオペレーティング・システムを提供。同システムでは、配電系統をモデル化し、現状の系統の状態を可視化するとともに、分散電源の最適制御などを実施。

出所）Engie 社公開資料などをもとに野村総合研究所作成

池の導入によりエネルギーシステムの分散化を進める GCN 社に出資した
のは、エネルギーシステムの分散化が不可逆な方向で進展していくなかで、
大手エネルギー供給事業者として、その動きを取り込んでいく意思を示し
たものといえる。事実、Engie 社は、分散電源サービス関連のソリューシ
ョンを有するベンチャー企業に対して積極的パートナリングを行っている
（表17）。

(3) Enel 社の eMotorWerks 社買収

eMotorWerks 社は、前章で紹介したように、EV 充電器を介して EV へ
の充電量を制御し、カリフォルニア州の独立系統運用機関である CAISO
に対してアンシラリーサービスを提供する事業者である。充電器の販売の
みならず、自らアンシラリーサービスなど電力関連サービスも提供してい
るという点で、先進的な取り組みを行っているベンチャー企業といえる。

eMotorWerks 社は、2017 年 10 月にイタリアの大手エネルギー供給事
業者である Enel 社に買収されている。Enel 社は、ローマに本社を置く、
顧客数では欧州最大のエネルギー供給会社である。イタリアを含め世界五
大陸の 30 カ国以上に展開しており、全世界の顧客数は電力では 5604 万人、

表 18 Enel 社グループの概要（2016 年）[13]

会社名	Enel
本社所在地	イタリア・ローマ
事業内容	発電・トレーディング、送配電、ガス・電力小売
主な事業展開エリア	イタリア、スペイン、スロバキアなど五大陸にまたがる 30 カ国以上
売上高	70592 百万ユーロ
顧客数	電力：5604 万人、ガス：5390 万人
発電設備容量	27.8GW
販売電力量	263.0TWh
ガス販売量	106 億㎥

出所）Enel 社公開資料などをもとに野村総合研究所作成

ガスでは 5390 万人にも上る。すでに販売電力量やガス販売量では、イタリア国外の規模がイタリア国内の規模を大きく上回っており、世界的に事業を展開するエネルギー供給事業者といえる（表 18）。

なお、Enel 社グループは、eMotorWerks 社の買収に先立ち、2017 年 8 月、DR 事業者である米国の EnerNOC 社を買収している。EnerNOC 社は、米国のボストンに本社を置き、DR を中心として、エネルギー関連サービスを手掛ける事業者である。同社が展開する DR 事業は、系統運用機関からの指令に応じて需要家の設備を制御し、需要を削減することで、系統運用機関から収益を得るというものである。EnerNOC 社は、公共機関や教育施設、製造業、ヘルスケア企業などの業務・産業需要家を顧客としており、顧客には、3M 社や Pepsico 社などの企業に加えて、フィラデルフィア市などの地方自治体も名を連ねている。同社の顧客数は 8000、サイト（用地）数は 14000 を数え、系統運用機関に提供する DR の容量は、合計 6MW にも上る。ただし、DR 事業は市場ルールの変更を受けやすく、競争環境も厳しくなってきたことから近年は、エネルギー利用を最適化するソフトウェア事業や、エネルギー調達を最適化する事業にも領域を広げ、収益基盤の安定化を図っていた。

Enel 社グループが 2017 年 8 月に大手 DR アグリゲーターである Ener-

表 19　Enel 社グループの分散電源サービス関連の主な出資先

会社名	本社所在地	設立年	概要
EnerNOC	ボストン	2001 年	業務・産業分野の需要家に対して DR および省エネルギーサービスを提供する、DR アグリゲーターの老舗。
Demand Energy Networks	ワシントン州	2008 年	蓄電システムの最適運用を行うソフトウェア「DEN.OS」を開発。
eMotorWerks	カリフォルニア州	2010 年	EV 充電器の製造販売、EV 充電に関するプラットフォームを提供。EV の保有者の承認のもと、EV を DR のリソースとして活用し、電力会社から収入を獲得。

出所）Engie 社公開資料などをもとに野村総合研究所作成

NOC 社を買収した矢先に、今度は EV の大手アグリゲーターである eMo-torWerks 社を買収したのは、大手エネルギー供給事業者が需要家側のソリューションに事業領域を広げていることを示す象徴的な出来事であった。Enel 社もまた、エネルギーシステムの分散化に対応するために、こうしたパートナリングを進めているといえるだろう（表19）。

III-1-4. 英国でのエネルギー供給事業者の動向：Centrica 社の例

英国は、風力発電を中心に再生可能エネルギーの導入が進む一方で、自由化が進んでいる国である。1990 年に他国に先駆けて自由化が進められた国であり、1999 年に小売全面自由化が行われて以降、すでに家庭需要家の半数以上が供給事業者を変更するなど、エネルギー供給事業者間の競争が特に激しい。

ここでは、同国内で事業展開を行う Centrica 社の取り組みを見てみたい。同社は、エネルギーシステムの分散化に向けた取り組みに加えて、エ

表 20　Centrica 社グループ概要（2016 年）[14]

会社名	Centrica
本社所在地	英国・ウィンザー
事業内容	エネルギー供給 エネルギーサービス 分散エネルギー・電力 コネクテッド・ホーム エネルギーマーケティング・トレーディング
主な事業展開エリア （エネルギー供給事業）	英国、アイルランド、米国、カナダ
売上高	271 億ポンド
顧客数	個人：2620万、法人：135万
発電電力量	23661GWh
顧客電力消費量	144.8TWh
顧客ガス消費量	348.6TWh（12022百万 th）

出所）Centrica 社公開資料などをもとに野村総合研究所作成

ネルギーサービスのワンストップ化の一環として、コネクテッド・ホーム事業に注力している点が特徴的である。

　Centrica 社は、英国のウィンザーに本社を置く、電力・ガス供給事業者である。英国国内でガス・電力事業を展開する British Gas や、北米で展開する Direct Energy、アイルランドで展開する Bord Gais Energy などを子会社・ブランドとして有しており、米国や英国、アイルランドを中心に、合計 2800 万の顧客を有する。Centrica 社は、長期的な成長のために注力する事業として、「エネルギー供給」、「エネルギーサービス」、「分散エネルギー・電力」、「コネクテッド・ホーム」および「エネルギーマーケティング・トレーディング」の５つを挙げている。ここで特筆すべきは、Centrica 社が「分散エネルギー・電力」と「コネクテッド・ホーム」を注力事業として挙げている点である。

　「分散エネルギー・電力」は、エネルギーシステムの分散化に対応した事業領域である一方で、「コネクテッド・ホーム」は、エネルギー以外のサービスのワンストップ化に向けた取り組みと見ることができるだろう。

表 21　Centrica 社の展開ブランドの概要

展開エリア	ブランド名	主な事業内容
英国	British Gas	✓ ガス・電力の小売 ✓ 家庭向けサービス（ボイラ設備の設置、配管・電気設備工事サービスなど） ✓ コネクテッドホーム関連サービス
英国	Hive	✓ スマートホーム事業
英国	Local Heroes	✓ 配管工事、電気設備工事、排水工事などの紹介事業
北米	Direct Enegy	✓ 天然ガス・電力の小売 ✓ 家庭向けサービス（空調機器、電気工事サービスなど）
北米	DYNO	✓ 配管工事、排水工事など
アイルランド	Bord Gáis Energy	✓ 発電 ✓ ガス・電力の小売

出所）Centrica社公開資料などをもとに野村総合研究所作成

以降、それぞれの取り組みについて見てみたい。

　Centrica 社が注力する領域として挙げている「分散エネルギー・電力」領域では、「省エネルギー、即応性の高い発電システム、エネルギーマネジメントシステムに加えて、蓄電池をはじめとする新技術に関するこれまでの知見を活かし、分散電源に特化したチームを組成する」としている。この文面からも見て取れるとおり、Centrica 社の太陽光発電や蓄電池をはじめとする分散電源に関する動きは、まだこれからという状況であり、これまで紹介してきたエネルギー供給事業者各社に比べて分散電源に関する動きでは、やや後れを取っていると思われる。

　とはいえ、Centrica 社もエネルギーシステムの分散化に向けた動きを始めている。2015 年 11 月には、センサーを用いてエネルギーサービス事業を展開する Panoramic Power 社を買収した。Centrica 社は、小型のワイヤレス・センサーを用いて設備単位で電気使用状況を計測・可視化・分析する技術を保有しており、米国・英国を含めて 30 カ国に展開している。Panoramic Power 社のセンサーは小さく、数百のセンサーであっても 2 ～ 3 時間で設置可能としている。また、顧客は、センサーの初期投資を負担することなく、センサー 1 つにつき月額 5 ドルで設置可能であることも特徴である。

　もともと、Centrica 社の北米子会社である Direct Energy 社は、Panoramic Power 社と提携関係を結んでいたが、2015 年の Centrica 社による買収を通じて、Centrica 社全体で Panoramic Power 社のエネルギーマネジメント技術やデータ分析の知見を活用できることとなった。これもまた、従来型のエネルギー供給のビジネスモデルから、需要家が保有する設備や機器の使用状況を理解し、最適な運用を促すという点で、エネルギーシステムの分散化をにらんだ動きと見ることができるだろう。

　一方で、Centrica 社の取り組みで特徴的なのは、別の注力事業である「コネクテッド・ホーム」である。コネクテッド・ホームに関する事業を通じて、家庭部門の顧客に対してエネルギー領域から派生したサービスを提供

図 33　Centrica 社のコネクテッド・ホームでの提供サービス

 給湯器に異常を検知した際に携帯電話に通知

 モーションセンサーが検知した際に携帯電話に通知

 扉や窓が開いたことを検知した際に携帯電話に通知

 携帯電話から遠隔で家電のオン・オフ制御

 リアルタイムでエネルギー消費量と料金を確認

 携帯電話から遠隔で空調や給湯機器を制御

 携帯電話から遠隔で照明の点灯・消灯および調光

 Amazon Echo 経由でHive 製品の制御

 EV 充電器

出所）Centrica社公開資料などをもとに野村総合研究所作成

する取り組みは、他社と一線を画すといってよいだろう。

　Centrica 社は、Hive ブランドでコネクテッド・ホームに関する事業を英国とアイルランド、北米で展開している。

　コネクテッド・ホームのサービスは、顧客がアプリを通じて、Centrica 社が Hive ブランドで展開する家電や照明、空調など各種設備の制御・管理を一元的に行うことができるサービスである（図 33）。例えば、顧客は、アプリを操作することで、家電や照明のオン・オフ制御を行ったり、暖房・給湯器の制御を行うことができる。Amazon 社のスマート・スピーカーである Amazon Echo とも連携しており、音声により各種制御を行うことも可能である。また、室内のディスプレイを通じて電力使用量や電気料金の状況が閲覧できたり、住宅の扉や窓の開閉に応じて住居者の携帯電話にアラートを出したりする機能もある。

　Centrica 社は、ハブ（中核）機器を介して制御できる Hive ブランドの家電を順次拡大しており、2016 年には、遠隔でオン・オフ制御が可能なコンセントプラグ「Hive Active Plug」や、窓・扉の開閉センサー、モーション・センサー、遠隔でオン・オフ制御や調光が可能な「Hive Active Light」をリリースしている。2017 年には、遠隔で水漏れ検知の通知がくるようなサービスなどの展開も検討している。

　コネクテッド・ホームの顧客数は拡大しており、2016 年末時点でコネ

クテッド・ホームのハブ機器の累積導入数は約53万に達している。特に直近は、2016年下期の導入機器数は同年上期の倍以上となるなど加速度的に伸びている。また、Hiveブランド製品の2016年の販売点数は45万にも上った。Centrica社は、今後も新製品を投入するなどしてコネクテッド・ホーム事業を拡大する予定で、2020年までに5億ポンドもの投資を行うとしている。

Centrica社は、コネクテッド・ホーム事業の拡大のために、買収・提携も行っており、2015年3月にはAlertMe社を買収している。同社は、英国のケンブリッジに本社を置く、2006年に設立されたベンチャー企業で、アプリを通じて家電などを制御可能にする「Honeycomb」と呼ばれるプラットフォームを提供する事業者である。これによりCentrica社は、家電などを制御するプラットフォームを獲得するとともに、ソフトウェア開発やデータ解析の体制を整えることになり、コネクテッド・ホームに関する事業展開を一気に加速させた。

また、2016年には、コネクテッド・ホームでの展開サービスに水漏れ検知・通知サービスを加えることを見据えて、水漏れ検知に関する技術を持つベンチャーだったFlowgem社を買収している。

ここまで見てきたように、Centrica社は、分散電源に関する取り組みに加えて、ICT技術を活用しながら、コネクテッド・ホームに関する領域を中心に、電力・ガス供給およびそれ以外のエネルギーサービスをワンストップで提供しているのが特徴的である。Centrica社がこうしたエネルギーサービスをワンストップで提供しているのは、従来のエネルギー供給以外のサービスを提供し、顧客との関係をより強固なものとすることで、顧客の他事業者への離脱を防止するためである。事実、Centrica社もコネクテッド・ホーム事業を「重要な差別化要素」と位置付けており、前述のとおり2020年までに5億ポンドを投資する計画を立てるなど、長期的に同事業を拡大していく予定である。

表22　Direct Energy 社の概要（2016 年）

会社名	Direct Energy
本社所在地	ヒューストン
事業内容	電力・ガス供給事業
主な事業展開エリア	米国、カナダ
売上高	140億ドル
顧客数	400万

出所）Direct Energy 社公開資料などをもとに野村総合研究所作成

Ⅲ-1-5. 米国のその他州でのエネルギー供給事業者の動向：
Direct Energy 社の例

　米国は、州によって電気事業制度が異なり、再生可能エネルギーの導入
量や自由化の進展度合いもまちまちである。それでは、米国全土で事業展
開を行っているエネルギー供給事業者は、どのようなサービスを展開して
いるのだろうか。ここでは、Direct Energy 社の取り組みを紹介する。同
社は、エネルギーシステムのワンストップ化に関するサービスを展開して
いるのが特徴である。

　Direct Energy 社は、前出の Centrica 社の北米子会社で、米国・カナ
ダで約 400 万の顧客に対して電力・天然ガスの供給およびエネルギー関連
サービスの提供を行っている。特に商業分野に強く、24 万の顧客を持ち、
米国東部の商業部門では天然ガス供給量で 1 位、電力供給では米国・カナ
ダで 2 位を誇る。

　Centrica 社は、コネクテッド・ホーム事業をはじめとして、エネルギ
ー以外のサービスを積極的に展開しているが、子会社の Direct Energy 社
もまた、北米・カナダでエネルギー供給以外のサービスを展開している。
特に配管や家電故障への対応など、電力・ガスに関連する設備の保守サー
ビスを中心に、エネルギー供給を超えたサービスを展開している。

　例えば、Direct Energy 社は、配管システムの補修や、浴室・トイレの
改修、給湯器のメンテナンスまで、電力・ガスの供給に直接関連しないサ

ービスを行っている。また、空調システムの導入、補修および保守や、照明器具など電気機器に関するサービスなども展開している。同社は、これらの家庭向けサービスをまとめて「Home Protection Plan」としても展開しており、家電などで何らかの異常があった際に 24 時間体制で対応するサービスを行っている。

　これらのサービスは、すべて Direct Energy 社が 2010 年に買収した Clockwork Home Services 社のブランドを介して展開している。また、Direct Energy 社は、2008 年に Airco 社を買収している。Airco 社もまた、空調システムの保守管理や配管、各種機器の補修などを行う事業者で、特に業務・産業分野の顧客を対象にサービス提供を行っている。

　これらの動きから、Direct Energy 社は、空調設備の保守管理や配管などを従来のエネルギー供給を超えた付加価値と捉え、当該サービスに強みを有する企業の買収を通じて、サービスのワンストップ化を志向しているといえるだろう。

III-2. 大手機器・サービスサプライヤーの動向

　本項では、目を転じて、エネルギー業界で事業展開する大手機器・サービスサプライヤーの動きに着目してみたい。

　エネルギー供給のバリューチェーンにおける付加価値の変化に伴い、従来のビジネスモデルからの転換が求められているのは、大手機器・サービスサプライヤーも同様である。彼らの多くは、従来は中央集中型の電源から送配電線を経由して需要家に届けられることを前提に、機器やシステムの開発を行っていた。しかし、エネルギーシステムの分散化に伴い電力の流れが変化し、求められる機器・システムも変化しつつある。

　本項では、エネルギー業界の機器・システムサプライヤーとして世界的に展開する General Electric 社（GE 社）と Siemens 社の取り組みを紹介する。いずれの企業も、エネルギーシステムの変化への対応が急務となっ

ている。

III-2-1. General Electric 社

　GE 社は、電力業界では言わずと知れた、世界を代表する重電メーカーである。2015 年 11 月に同業のフランス Alstom 社の発電・送配電部門を買収するなど、電力部門に注力しており、電力部門だけで世界で 30 万人以上の従業員を擁している。近年は、電力部門のデジタル化にも注力しており、産業向けクラウドプラットフォーム「Predix」を活用して、ガスタービンなどの予防保守や運用効率改善の事業も展開している。

　エネルギーシステムの変化への対応が必要という点では、GE 社もここまで紹介してきたエネルギー供給事業者と状況は変わらない。GE 社は、火力発電用ガスタービンなど中央集中型の電力システムを前提とした製品展開を行ってきており、GE 社としても、そこを得意としてきた。しかし、すでにエネルギー業界の変革の影響は顕在化してきており、GE 社は 2017 年 11 月、世界的な再生可能エネルギー需要の伸びに伴うガスタービン需要の減退を理由に、電力部門で 12000 人を削減すると発表した。電力部門が最大事業である GE 社にとっては、エネルギーシステムの変化への対応が喫緊の課題となっている。

　そうしたなかで GE 社も、エネルギーシステムにおける分散電源の拡大を見据えた動きを始めている。GE 社の直近の動きを見るに、蓄電池や EV 充電器など分散電源のハードウェアの製造には距離を置きつつ、制御ソフトウェアに注力しているように見受けられる。

　例えば、GE 社は、「Grid IQ」と呼ばれるマイクログリッド向けの分散電源の制御システムを開発している。これは、マイクログリッドの運用者向けに提供しているソフトウェアで、エネルギーコストの最小化を目的として、分散電源の制御などを行うものである。再生可能エネルギーなどが導入されたマイクログリッドにおいても、発電量予測をもとに最適に各種

リソースの運用ができるとしている。

　また、電力会社向けにDRに関するトータル・ソリューションとして「DRBizNet」を展開している。これは、業務・産業分野および家庭分野の顧客向けのDRプログラムの設計から、必要機器の導入、DRイベントのスケジューリング、発動、計測、DR結果の評価などまで、DRに関連する一連のサービスを提供するものである。電力会社の顧客情報システムや、計測データ管理システム、AMI（Advanced Metering Infrastructure）システムなどの各種既存システムと連携可能である。

　一方で、GE社は、子会社であるGE Ventures社を通じて、分散電源に関連するソリューションを有する企業への出資を行っている。表23に、GE Ventures社のエネルギー分野における主な出資先（2017年11月時点）

表23　GE Ventures社のエネルギー分野での主な出資先

会社名	本社所在地	設立年	概要
Enbala Power Networks	カナダ・バンクーバー	2003年	分散電源の制御プラットフォームを有するソフトウェア会社。アンシラリーサービス市場向けなどに、秒単位での反応が求められる高速DRにも対応可能であることが特徴。
FlexGen	米国・ヒューストン	2014年	電力変換装置を開発・製造。系統運用者向けのアンシラリーサービスや太陽光発電併設、オフグリッド地域での電力供給を目的としたソフトウェア開発も展開。
Grid Net	米国・サンフランシスコ	2006年	スマートグリッド向けのM2Mプラットフォームおよびソフトウェアを開発。
Lucid	米国・ピッツバーグ	2006年	商業ビル向けに、施設の電力需要計測値を集約して可視化、分析を行う「BuildingOS」システムを提供。
Sonnen	ドイツ・バイエルン	2010年	家庭用蓄電システムsonnenBatterieを製造・販売。近年は、太陽光発電の余剰電力を互いに融通できるsonnenCommunityサービスを展開。
Stem	米国・ミルブレー	2009年	業務・産業分野の需要家向けに、蓄電池を活用した電気料金削減サービスを展開。蓄電池を需要家施設に設置し、制御することにより電気料金を削減する。
Tendril Networks	米国・ボルダー	2004年	電力会社・小売事業者向けに、カスタマー・エンゲージメントを目的としたプラットフォームを展開。各需要家の電力使用量を可視化し、需要家に対する通知などにより、省エネルギー行動を促し、顧客との関係強化を行うとともに、電力会社・小売事業者の需要家理解を促進する。

出所）GE Ventures社公開資料などをもとに野村総合研究所作成

を示す。

　分散リソースの高速制御ソフトウェアに強みを有する Enbala Power Networks 社や、蓄電池制御により業務・産業部門の需要家に電気料金削減サービスを展開する Stem 社、家庭需要家向けに蓄電池を活用したサービスを展開する Sonnen 社など、分散電源の制御ソフトウェアを有する企業に対して積極的に投資を行っていることが見て取れる。

　GE 社は、分散電源の拡大に対応するためのソフトウェア開発に積極的である一方で、分散電源のハードウェア製造からは距離を置きつつあるようにも見受けられる。例えば、GE 社は、独自技術の蓄電池である「Durathon Battery」を開発・製造していたが、近年その規模を縮小している。同蓄電池は、放電できる出力に対して充電できる容量の大きいタイプの蓄電池であり、米国内でも風力発電所や米軍基地などに導入されていた。しかし、2015 年 1 月にニューヨーク州の工場を 400 人体制から 50 人体制に大幅に縮小した。2011 年に工場が開業したときには、当時の CEO（最高経営責任者）であったジェフ・イメルトは 2016 年までに売上高 5 億ドル、2020 年までに 10 億ドルを目指すとしていたが、結果として同氏が期待していたほどには需要が伸びず、蓄電池の製造から一歩引いている。また、GE 社は、EV 充電器の製造・運用も行っており、商業向けに 1800 カ所、家庭向けに 8000 カ所のネットワークを有していた。しかし、2017 年 6 月に同事業を前出の ChargePoint 社に売却し、EV 充電の事業から撤退している。

　これらの動きから GE 社は、分散電源のハードウェア製造からソフトウェア開発へと、注力する領域を変えてきているように見受けられる。これは、エネルギーシステムの分散化が進展するなかにあっても、分散電源の開発・製造よりも、それらを制御するソフトウェアに付加価値が移っていると見ているためと想定される。特に製造業からソフトウェア企業への変貌を狙う GE 社にとって、変革しつつあるエネルギーシステムのなかで、分散電源の制御ソフトウェアの分野で地位を築くことを狙って、事業の選

択と集中やベンチャー企業への出資などを進めているものと見られる。ただし、先述のとおり、GE 社の 2017 年の業績は、発電部門の収益低下に伴って悪化しており、こうしたソフトウェア事業強化の取り組みが、実を結ぶかどうかは意見が分かれるところである。実際に GE 社は、業績の悪化に伴って、2018 年 10 月に、同社としては初めて生え抜きではないローレンス・カルプを CEO に据え、主要事業の売却を含む大胆な事業構造改革を進めている。一方で、着目すべきは、GE 社が大手の製造業事業者の中で、いち早く市場変化に対応し、収益の源泉をシフトするためのチャレンジを実行している、という点である。その意味で GE 社の取り組みは、日本の機器メーカーにとっても示唆に富んでいるといえるだろう。

III-2-2. Siemens 社

ドイツのミュンヘンに本社を持つ Siemens 社も、GE 社と並んで電力分野で世界的に展開する事業者である。同社にとってもまた、エネルギーシステムの変化への対応が課題となっている。GE 社と時期を同じくして 2017 年 11 月、発電設備の需要減退に伴い、電力・ガス分野で 6900 人の削減を行う計画を発表している。

Siemens 社も、エネルギーシステムの分散化に対応するための各種取り組みを進めている。特に同社が注力しているのが、マイクログリッドの管理システムや DERMS の領域である。これまでも Siemens 社は、電力会社に対して系統全体の運用・管理システムの提供を行ってきた。一方で、エネルギーシステムの分散化に伴い、太陽光発電や蓄電池などの分散電源の管理も含めて、より小さい単位での管理を行うためのシステムの開発を進めている。

Siemens 社が展開しているマイクログリッド管理システムでは、大学のキャンパス群やコミュニティなど、これまでの系統運用では個別に管理されていなかった小さい単位での運用・管理が可能となっている。同システムは、クラウド上でマイクログリッド運用事業者に提供されており、オン

サイトで IT 基盤を構築できない小規模な事業者でも容易に利用可能という点で、分散化が進むエネルギー供給システムの変化に対応するためのサービスといえるだろう。

Siemens 社は、ほかにも DR プログラムの運用システムである DRMS や、分散電源の統合管理を行う DERMS も展開している。ドイツのエネルギー供給事業者である RWE 社と共同で、VPP として分散電源を制御するシステムの開発も進めている。

同分野では、Siemens 社は米国の Utilidata 社とも協業している。Utilidata 社は、配電網制御のほか、配電線から得られたデータをもとにした配電網の電圧制御に強みを有する企業である。太陽光発電などの分散電源の拡大が進むと、特に配電線末端付近において電圧が変動しやすくなり、最悪の場合停電につながる恐れがある。Utilidata 社は、収集した配電系統のデータを集約・可視化し、配電線の運用を行う電力会社などに対して系統の状況に合わせた分散電源の最適配置の通知や新規分散電源接続状況の把握を促す。同サービスは、すでに American Electric Power 社や National Grid 社に対してサービスを提供している。

Siemens 社のシステムの特徴は、こうした小さい単位の制御システムが電力会社の既存の MDMS（Meter Data Management System）や顧客情報管理システムと連係可能という点である。Siemens 社は、既存のシステムとの連係や系統運用に関する知見を武器にしながら、系統全体の運用・管理を起点として、マイクログリッドや配電線、およびそれに連系する分散電源といった細かい単位にまで制御の範囲を広げてきているといえる。

第 IV 章

エネルギー業界変革期における
事業機会の獲得方策：

~いかにして激動の時代を制するか?~

IV-1. 地域別の新たな事業機会の発生タイミング

IV-1-1. すでに事業機会が発生している先進地域

　ドイツ、米国のハワイ州・カリフォルニア州・ニューヨーク州、オーストラリアなどの地域において、世界に先駆けてエネルギーシステムの分散化が進展し、分散電源（DER）に関連するビジネスモデルが普及すると考えられる。これらの地域は、太陽光発電などの分散電源の拡大を後押しするドライバーが存在する。

　例えば、ハワイは、離島であるため、発電用燃料費や電気代が高い。オーストラリアは、人口密度が低く配電コストが高いため、同じく、電気代が他の地域と比較して高い。そのため、両地域ともに、分散電源を活用し、課題解決に向けた取り組みを実施している。一方、ドイツ、米国のカリフォルニア州およびニューヨーク州は、政策的に再生可能エネルギーを増やすことを目指しており、それによって新たなイノベーションや雇用を創出することも図っている。

　これらの地域では、分散電源が拡大する市場背景が異なるものの、すでに第II章にて説明した分散電源に関連するソリューションの拡大が期待される。例えば、ドイツやオーストラリアでは、太陽光発電と蓄電池を利用した定額制の電気料金メニューの販売が始まっている。また、カリフォルニア州では、EVや分散型の蓄電池を統合制御したDRに関するサービスが展開されている。ニューヨーク州では、配電設備投資を回避するためのDERMSの活用やマイクログリッド化が実施され始めている。

　一方で、エネルギーサービスのワンストップ化は、自由化が進展している英国や米国の一部州（テキサス州など）で先行して発生するものと想定される。元来、電力やガスなどのエネルギー供給事業は、商品である電力やガスの品質などで差別化を行うことが難しい。したがって、自由化が進展し、事業者間の顧客獲得競争が激しくなっている市場では、従来のエネ

ルギー供給以外のサービスで差別化を図ることが必要となる。自由化が進展している英国で、Centrica 社がエネルギー供給とは別に、コネクテッド・ホーム事業を展開し、他社との差別化を図っていることは、前章で見てきたとおりである。

　上記先行地域において実施された分散電源やワンストップ化のビジネスモデルは、各地域にカスタマイズされる形で普及していく。例えば、分散電源を活用したマイクログリッドソリューションは、コストが低下することで系統が脆弱な新興国で急速に普及する可能性がある。また、EV を活用した DR は今後、EV が急速に普及する中国において活用される可能性がある。

IV-1-2. 日本での事業機会

　日本は、2020 年以降に分散電源やワンストップ化のビジネスモデルが拡大していく可能性がある。分散電源拡大の背景には、2016 年に閣議決定された「地球温暖化対策計画」における、温室効果ガスの削減目標（2013年比で、2030 年に 26％、2050 年に 80％削減を目指す）がある。この目標を達成するためには、日本においても分散型電源を含む再生可能エネルギーの導入を加速する必要がある。一方、短期的には、太陽光発電の自家消費を促す定置用蓄電池の活用や、卸取引市場での分散電源の活用が想定されるものの、日本における分散電源の普及可能性は、政策動向と技術動向に影響を受ける。

　政策面では、固定価格買取制度終了後の電気料金水準や、太陽光発電の余剰電力の買取価格が太陽光発電の自家消費に影響を与え、かつ各種電力取引市場での分散電源活用方針が分散電源の収益機会に影響を与える。具体的には、①分散電源が参入可能な電力取引市場の種類、②入札条件（最低入札容量、反応時間、持続時間など）、③計量方法、通信方法など分散電源のアグリゲーションにかかるコストに影響を与える規定、④価格決定方法（応答速度、シグナル追従度合いに応じたインセンティブや、実施で

きなかった場合のペナルティの設定有無と金額水準）が分散電源活用のポイントとなる。

技術面では、太陽光発電や定置用蓄電池のコスト低減のスピードや、EV のコスト低減、インフラ整備状況を含めた EV 普及スピードが分散電源市場拡大に影響を与える。

日本では、2030 年までは政策・技術動向が分散電源の導入スピードに影響を与えるものの、2030 年以降は低炭素化の目標を達成するために、前述の先進市場と同様に分散電源の導入が進み、新たなビジネス機会が拡大することが想定される。

ワンストップ化に関しては、2020 年頃から各種卸取引市場が整備され、一般電気事業者が法的分離されることで、徐々に小売事業における競争が激しくなる可能性がある。また、中長期的に再生可能エネルギーが増加し、kWh の価値が低下することで、電力小売に限らない顧客囲い込みの方法が必要となる。その結果として、日本においてもワンストップ化のビジネスが拡大すると考えられる。

すでに一部の小売電気事業者が電力・ガス小売に付随して、水まわりのトラブルや電気設備の取り替えなどのサービスを展開している。現状は、電力やガスの供給に近い領域でのサービスが多いものの、今後、小売事業者間の競争激化や、ICT 技術の進展・関連コストの低減に伴って、ホームセキュリティやホームオートメーションなど、エネルギーサービスとは直接的に関連性の薄いサービスを展開する事業者も登場してくることが想定される。

IV-2. 獲得していくべき付加価値

本項では、2030 年までを短中期、2030 年以降を長期として、新たに顕在する事業機会を獲得するために獲得していくべき付加価値について考察する。

短中期（図34）：

　分散電源やワンストップ化の事業機会が先進地域で拡大し、日本でも顕在化する。先進地域では、再生可能エネルギーが増加することでkWhの価値が低下し、大規模発電の収益性が低下するものの、容量価値や調整力価値（kW価値）は増加する。加えて、再生可能エネルギーの増加とともに送配電の設備投資が進む。特に配電系統は、増加する分散型電源を適切に制御することでDERMSの導入が進む。小売領域は、特に自由化が進展する地域において、分散電源を用いて定額料金で電力供給を行うサービスやホームオートメーションを活用した利便性を追及するサービスが提供される。

　付加価値が高まる領域は、下記の領域となる。

　集中型発電は、総じて付加価値が低下するものの、容量価値やkW価値は増加する。

　送電は、再生可能エネルギーの普及拡大により、地域間での電力融通による需給調整がさらに重要となるため、設備保有・保全の付加価値が増加する。

　配電は、分散電源の増加により、設備の保有・保全と運転・制御の双方の付加価値が増加する。配電システムを管理する事業者は、分散電源を増加させるために配電システムの増強、もしくは配電システムの制約を踏まえたうえでの分散電源の導入と制御を行うことが求められる。すなわち、分散電源が増加することにより、データ収集・設備制約や系統制約を踏まえた設備管理、最適な分散電源制御をDERMSにより、運用することになる。

　小売は、分散電源を組み合わせた小売サービス（太陽光発電、BESS、EV、マイクログリッドなど）、分散電源を活用した定額料金メニューなど、新たな料金メニューによる差別化や、エネルギーサービスのパフォーマンスコントラクトによる差別化で付加価値獲得が想定される。

　関連サービスは、ホームオートメーションやホームサービスなど、一部

図34 エネルギーバリューチェーンにおける短中期的視点での付加価値の変化

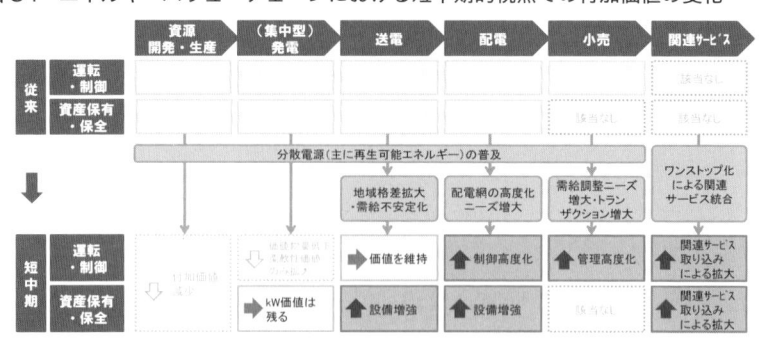

出所）野村総合研究所

の非エネルギー分野のサービスを組み合わせた付加価値獲得が考えられる。

長期（図35）：

　分散電源の普及がさらに進み、需要家側に設置された太陽光発電、定置用蓄電池、EV を利用したマイクログリッドや ZEH、ZEB が増加する。また、ブロックチェーンを活用したプロシューマー間での P2P の電力取引が、配電系統にて実施される可能性がある。需要家や配電系統に閉じた電力システムの運用の割合が高まることで、大規模発電や送電設備は、調整力や非常時のバックアップとしての位置付けが強くなり、付加価値が減少する。

　一方で、DERMS などの配電系統運用プラットフォームやブロックチェーン技術を活用した P2P のプラットフォームを提供する特定の事業者の付加価値が高まる可能性がある。また、関連サービスのなかでも、顧客との接点を保有し、エネルギーに留まらない関連サービスを提供する事業者の付加価値が高まることが想定される。関連サービスとして、セキュリティやホームオートメーション、ホームサービス、EV、CATV、インターネット、携帯電話、設備管理、保険、各種ポイントサービスなどが想定される。この際にパフォーマンスコントラクトの利用拡大も進む。

図35　エネルギーバリューチェーンにおける長期的視点での付加価値の変化

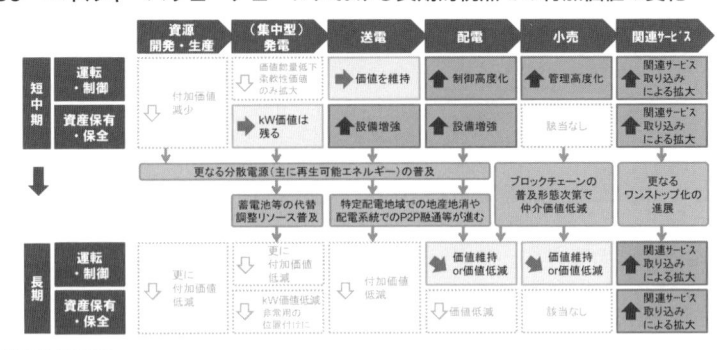

出所）野村総合研究所

IV-3. 事業領域の類型化と自社が目指すべき事業領域の決定

　各事業者は、電力システムにおける付加価値の分布が変化するなかで、どの事業領域にて拡大する付加価値を獲得するのかを決定する必要がある。特にITの視点は、事業領域を考えるうえで重要な要素である。なぜなら、付加価値の変化の中核にある分散電源、パフォーマンスコントラクト、ホームオートメーション、ブロックチェーンは、どれもITの要素を含んでいるためである。

　図36は、付加価値を獲得するための事業領域の類型を、ITの視点も踏まえたフレームで整理したものである。なお、各オプションは、独立した事業領域であるものの、事業領域を組み合わせて事業展開することも想定している。

オプション1：OT + IT サービス Biz（Business）

　OT + IT のサービス領域は、OT（Operation Technology）とIT（Information Technology）の両面が必要となる事業領域である。

　例えば、Stem社 が提供している BESS を利用したサービスは、蓄電池システムの設計ノウハウとしてのハードウェア（OT）に関する知見と、

図36　ビジネスモデルの類型

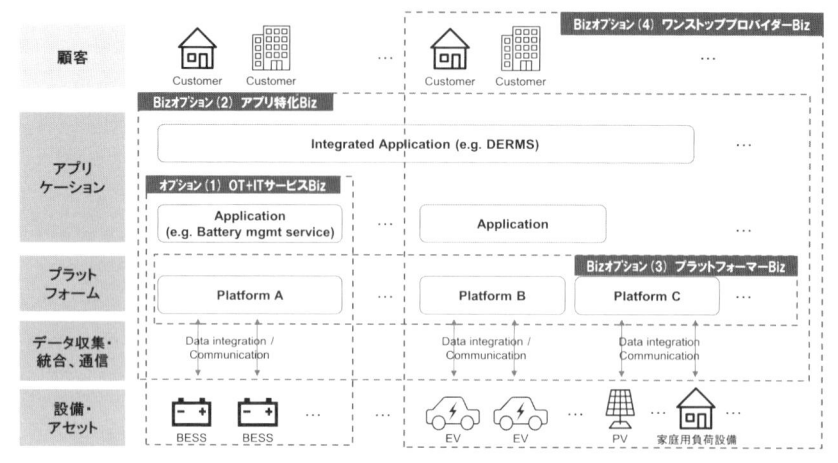

出所）野村総合研究所

蓄電池を制御するソフトウェア（IT）の知見が必要となる事業領域である。ハードウェアがコモディティとならない限り、OT 領域としてハードウェアを導入する際の設計ノウハウや、複数のハードウェアの擦り合わせノウハウが必要となる。さらに、ハードウェアの特性を理解したうえで IT ノウハウも活用し、制御ロジックを構成する。

　OT ＋ IT のサービス領域は、すでに OT ノウハウを保有しているメーカー系企業が事業を拡大する際の事業領域として想定される。また、IT ノウハウを強みとしながらも、自ら設備機器をインテグレーションするような企業も当該サービス領域に含まれる。

オプション２：アプリケーション特化 Biz

　アプリケーション特化領域は、自らハードウェアは保有せず、特定のソフトウェアアプリケーションを提供する事業領域である。

　例えば、Autogrid 社は、DERMS のソフトウェアを電力会社に提供しているが、ハードウェアは一切保有していない。Autogrid 社は、自らが

ハードウェアを保有しないことで、さまざまな企業の分散電源やコントローラーを自社 DERMS につなげることができる。Autogrid 社は、なるべく多くの分散電源データや電力会社のデータを自社 DERMS に取り込むことが他の DERMS との差別化を図るうえでのポイントと考えている。DERMS は、BESS や EV、DR などのさまざまな分散電源を制御するアプリケーションを包含する形でコントロールを行う。そのため、DERMS を提供するプレーヤーは、さまざまな分散電源制御システムと連携する必要があり、アプリケーション特化領域で事業を行うことが成功要因のひとつと考えられる。

オプション 3：プラットフォーマー Biz

　プラットフォーマー領域は、エネルギーシステムにおけるさまざまなデータを収集、蓄積し、幅広いアプリケーションに利用してもらうためのプラットフォームを提供する事業領域である。

　GE 社は、「Predix」という産業機器向けの IoT プラットフォームを構築している。Predix にデータを取り込んで分析することで、産業機器の運用の効率化やアウトプットの高度化が図られる。例えば、電力システムの発電分野では、ガスタービンや風力発電設備などの効率運転ソリューション、需要家分野では需要家に設置された分散電源・照明・蓄電池・電気自動車の充電器などの最適制御ソリューションが想定できる。GE 社は、Predix を通じて GE 社製品に留まらず、他社製品にも対応したアプリケーションを開発・運用する IoT プラットフォームになることを目指していると考えている。Predix のウェブページでは、すでに複数のアプリケーションが利用可能であり、コンセプトとしては、スマートフォンのアンドロイドや iOS のアプリケーションストアのような存在に近いといえる。

　Predix のアプリケーションは現状、GE 社が自ら開発したアプリケーションが多く、必ずしも他社も利用する業界のプラットフォームとしては機能していない。GE 社の課題は、メーカーとして自社のハードウェアを保

有しつつ、他メーカーや幅広い顧客も巻き込むことでさまざまなデータを蓄積し、Predix を業界のプラットフォームできるかどうかにあると想定される。

オプション４：ワンストッププロバイダー Biz（顧客接点領域）

顧客接点領域は、最終需要家と直接接点を持ち、エネルギー供給のみならず、幅広いサービスをワンストップで提供する事業領域である。

例えば、前出の Centrica 社は、英国で最終需要家に対して、電力・ガスの供給のみならず、家電などを遠隔制御できるホームオートメーションのサービスや、遠隔で窓や扉の開閉状況を確認できるホームセキュリティサービスを提供している。

顧客接点領域は、最終需要家からの信用力と、各種サービスのワンストップ化のためのコスト削減が必要になる領域である。最終需要家に、エネルギー供給や、それに付随するサービスの提供を一括して受けたいと思われるためには、最終需要家から一定の信用を得ていることが必要になる。特に最終需要家が家庭部門の顧客である場合や、提供サービスにエネルギー供給などライフラインに関連するものが含まれる場合は、なおさら信用力が重要となってくる。また、第Ⅰ章でも触れたように、ワンストップ化を実現するためにコスト削減が必要である。そのため、ワンストップで提供するサービスのなかでも核となるサービスは自社に残しつつ、他のサービスは、場合によっては他社との連携により提供することが必要となる。

顧客接点領域は、現在エネルギー供給を行っている事業者が事業を拡大する際の事業領域であると想定される。一方で、第Ⅱ章で紹介したように、Sonnen 社などのメーカー系企業が電力関連サービスを需要家に直接提供したり、IT プラットフォーマーである Amazon 社や Google 社が AI スピーカーを市場に投入したりするなど、同領域には多くの新しいプレーヤーが参入してきており、ワンストッププロバイダーのポジションを巡る争いは今後、激化していくものと想定される。

おわりに：

エネルギー大変革時代をリードする日本市場・日本企業であるために

(1) 日本企業が目指す事業領域

エネルギーシステムは今後、「エネルギーシステムの分散化」と「エネルギーサービスのワンストップ化」を中心として、大変革時代を迎える。この時代の変化点において、日本市場および日本企業が市場をリードし、世界で広がる新たな事業機会を獲得するためには、日本の現状と将来を踏まえた戦略が必要となる。

本書の最後に、日本企業の戦略を考えるうえで、第 IV 章にて取り上げたビジネスモデルの類型別に、どのような事業機会があるのかを見ていきたい。

オプション 1 : OT + IT サービス Biz 領域での事業機会

強いハードウェアを保有している日本企業は、OT + IT のサービス領域での事業拡大の可能性がある。

例えば、蓄電池産業を見ると、2016 年のリチウムイオン蓄電池市場の世界シェアのトップは、パナソニックであった。また、ソニーのリチウムイオン蓄電池事業を買収した村田製作所や GS ユアサなども、世界市場でリチウムイオン蓄電池事業を展開している。

リチウムイオン蓄電池は近年、価格下落しており、今後の需給バランス次第では、蓄電池メーカー間の競争がさらに激化する可能性がある。一方で、蓄電池メーカーは、OT + IT のサービス領域において付加価値を提供できる可能性がある。具体的には、蓄電池ハードウェアのノウハウや蓄電池寿命を最大化する充放電制御ノウハウを活かしたサービス事業への展開である。

蓄電池を活用したビジネスにおいては、基礎研究から製品開発、製造技術など、メーカーとしての強みが活きる部分が多い一方で、設置する場所や蓄電池の利用用途に応じて、最適な蓄電池と PCS とコントロールシステムの組み合わせを設定するシステムインテグレーション機能も重要とな

る。利用用途に合わせた蓄電池システムの制御の重要性が今後高まる。

　また、蓄電池の制御アルゴリズムには、収入を最大化するロジック以外に、蓄電池の劣化を踏まえたロジックも含まれる。加えて、EV に搭載された蓄電池を定置用蓄電池へ二次利用することも踏まえたうえでの制御ロジックも必要となる。

　蓄電池関連企業には、蓄電池の強みを蓄電池開発から製造のみならず、システムインテグレーションや制御アルゴリズム、二次利用などバリューチェーンを広げた強みを醸成することが付加価値を維持・拡大するために必要となる。

　日本の太陽光発電メーカーは、太陽電池セル生産量の世界市場シェアが 2004 年の 47％から 2012 年に 6％に低下した [15]。蓄電池は、安全性やサイクル寿命、エネルギー密度など、製品として差別化できるポイントが多く、かつ充放電制御の難しさもあるため、必ずしも太陽光発電と同じシナリオにはならないと考えることもできる。しかし、日本の蓄電池関連企業が太陽光発電メーカーと同じ轍を踏まないためには、開発から製造以外にもシステムインテグレーションや制御アルゴリズム、二次利用などの部分でも付加価値も高めることで、蓄電池産業をリードしていくことが求められる。

オプション２：アプリーケーション特化 Biz 領域での事業機会

　アプリケーション特化領域は、日本企業にとって苦手な領域だと考えられる。アプリケーション特化領域はソフトウェア領域であり、差別化するためには、特定メーカーに留まらない幅広い設備機器データや顧客データを取り込む必要がある。日本では、エネルギー関連の設備機器メーカーが数多く存在するため、メーカーの横串を通してアプリケーションに特化した事業を展開するのは、容易ではないと考える。

　一方、海外では、先に挙げた Autogrid 社のような企業が幅広い分散電源のデータや電力会社のデータをすでに蓄積しているため、これらの企業

と連携して事業を拡大することも考えられる。

　また、日本企業にとってのアプリケーション特化領域の事業機会として、EV を起点としたエネルギー関連事業が挙げられる。2016 年の自動車メーカーの世界販売台数を見ると、上位 10 社中の 4 社を日本企業が占める。今後、EV 化が進むなかで既存のプレゼンスを維持しつつ、電動化領域で事業を拡大するためには、充電インフラや EV の利用にまで踏み込んだ事業展開が必要となる。具体的には、EV の最適な充電制御のアプリケーションのみならず、太陽光発電・BESS・EV を保有するユーザーへのエネルギー供給の最適制御アプリケーションや、EV のシェアリングに関するアプリケーションを、充電インフラを保有するエネルギー会社と共同で開発する点などが想定される。ユーザーは、特定の自動車メーカーに限らず、すべての充電インフラを利用したいと考えることが自然であるため、EV が電力系統とつながる部分に関しては、メーカー間で横串を通したアプリケーションが開発できる可能性がある。

オプション 3：プラットフォーマー Biz 領域での事業機会

　エネルギーシステムにおいて、アンドロイドや iOS のアプリケーションストアのようなプラットフォームが今後、出現するか否かは、意見が分かれるところである。少なくとも業界プラットフォームを狙った GE 社も現状、プラットフォーム事業が順調に拡大しているとはいえない。

　エネルギー業界は、国や地域別に規制制度が大きく異なるため、さまざまなデータが蓄積され、そのうえでアプリケーションが作られるようになるプラットフォームは、国や地域別に構築される可能性がある。例えば、日本においては、スマートメーターのデータが活用できるようになり、家庭の発電設備や負荷設備の電力データや利用データが蓄積されることで、ブロックチェーンを活用した P2P の電力売買サービスや、個々人の暮らし方に合わせたサービスがワンストッププロバイダーから提供される可能性がある。その際に各種データを蓄積し、サービスを実施するためのアプ

リケーションを作成できるプラットフォームを誰が保有しているのかは、現状まだ不透明である。しかしながら、この領域の事業機会が顕在化する可能性は十分に考えられる。

オプション４：ワンストッププロバイダー Biz（顧客接点領域）領域での事業機会

　電力・ガスの小売全面自由化を背景として今後、国内においてもワンストッププロバイダーが登場してくるものと想定される。特にエネルギー関連では、電力やガスの供給事業者が既存の顧客基盤とそれに基づく信用力を基盤にして、エネルギー供給に留まらないサービスを展開していくことが想定される。国内のエネルギー供給事業者が、すでに通信や CATV とのセット販売、水まわりなど生活関連のトラブル対応などのサービスを展開しているのは、これまでに見てきたとおりである。

　今後は、海外の事業者同様、エネルギー供給に留まらず、ホーム・オートメーションやセキュリティ、設備管理などが提供サービスとして想定される。また、太陽光発電や蓄電池、EV の導入が進むことで、各種設備のメンテナンスや EV 関連サービスも、ワンストップサービスの範疇となっていることが考えられる。

　一方で、エネルギー供給から派生したサービスまでもが統合された世界を想定したとき、ワンストッププロバイダーとなっているのは、必ずしもエネルギー供給事業者とは限らない。顧客接点と、それに基づく信用力を有しているのは、エネルギー供給事業者だけではないため、エネルギー分野以外の事業者がワンストッププロバイダーになる可能性も十分に考えられる。例えば、蓄電池や EV 関連の事業者が電力関連サービスを展開する可能性もあれば、IT プラットフォーマーがワンストッププロバイダーとなる可能性もあるだろう。顧客接点領域で、需要家に対してワンストップでサービスを提供するポジションを巡っては今後、事業者間の競争が激しくなっていくものと想定される。

日本企業が上記4つの事業領域を検討する際、次に挙げる日本市場の特徴を踏まえることで、世界市場に展開する際の強みとなる可能性がある。

　1つ目は、人口が減少するなかで、エネルギーシステムの効率的運用へのニーズが高まっていることである。日本は、他国に先駆けて人口減少が進むため、過疎地域のエネルギー供給のあり方などの課題に先行的に取り組む必要がある。エネルギー供給者は、BESS や EV、マイクログリッド、DERMS、パフォーマンスコントラクトを活用しつつ、信頼性と効率性の両面から最適なエネルギー運用システムを構築し、それを他国に展開することが想定される。

　2つ目は、日本の通信インフラが成熟していることである。日本は、世界の中で最も通信インフラが整っている国のひとつである。さらに、2019年から新たな通信規格である 5G の運用が始まり、日本でも 2020 年頃からの商用化が検討されている。5G は、通信の遅延性が低く、多くの端末を一度に接続できるため、自動運転やドローンなどの IoT 分野での活用が期待されている。日本市場は、世界に先駆けて、このようなインフラが利用できるため、事業仮説の検証を他社に先駆けて実施し、それを通信インフラが整った地域から順番に展開することも想定される。

(2) 日本企業が乗り越えるべき課題

　日本企業は、エネルギー大変革時代をリードするために、自らの強みや日本市場の特性を活かした、事業展開を他社に先駆けて実施することが期待される。一方で日本企業が乗り越えるべき課題もある。特に重要な課題として「意思決定のスピード」と「制度設計への関与」を取り上げ、その対応方針を最後に述べる。

意思決定のスピードを上げる仕組み

　電力業界における付加価値の変化は、既存のエネルギー業界で事業を実

施しているプレーヤーからすると、自社の既存の付加価値を破壊する変化でもあるため、既存組織での迅速な意思決定を行うことが難しいケースがある。

　例えば、分散電源の普及は、既存電力会社の販売電力量を押し下げる効果があり、託送料金の取得機会を減少させる効果もあるため、電力会社から見ると分散電源はできれば普及してほしくない設備とも見ることができる。一方で、分散電源の普及が前提となった場合、電力会社は、自らが関与しない形で分散電源が普及するより、自らが分散電源の導入に積極的に関与することで分散電源に関する付加価値を獲得したいという思いもある。

　電力会社などの既存のプレーヤーは、自らの事業の付加価値を低下させる可能性がある分散電源に対し、市場変化に応じた迅速な意思決定を行うことを求められるが、必ずしも容易ではないと考える。一方、電力システムにIT業界のプレーヤーが参入することで、業界変化のスピードがさらに上がることが想定される。

　ここまで見てきたように、今後のエネルギーシステムの変化の中核にある分散電源やパフォーマンスコントラクト、ホームオートメーション、ブロックチェーンは、どれもITの要素を含んでいる。そして、情報通信業界の意思決定のスピードは、一般的にエネルギー業界と比較して速い。例えば、図37にあるように、日本のエネルギー業界と情報通信業界の時価総額ランキングの推移を比較すると、その変化の差が見て取れる。なお、両業界ともに、2016年時点で上場している企業を対象に2007年と2016年の時価総額ランキングを作成している。

　エネルギー業界で2016年に上位10社に新たに入った2社は、もともと大手のエネルギー企業であり、10年の間に業界が大きく変化したとはいえない。一方、情報通信業界は、上位6社までは大きく変化していないが、7位以下は大きく変化している。特にLINE社やアパレル関連のECサイトであるZOZOTOWNを運営するスタートトゥデイ社、インターネット

テレビである Ameba 関連事業やインターネット広告代理店事業を展開するサイバーエージェント社など、既存の業界構造に大きな変化をもたらす事業を展開する企業が 10 位以内にランキングされている。

　今後、エネルギー業界にも IT の要素が加わることで、業界の勢力図が大きく変化するかもしれない。エネルギー業界のプレーヤーは、業界変化をリードするために、これまでとは異なる意思決定のスピードに対応していきつつ、新たな事業機会を獲得していく必要がある。

　それでは、エネルギー企業はどのようにして意思決定のスピードを上げていけばよいのだろうか。その糸口として、Engie 社の事例を取り上げたい。

　Engie 社は、トップによる明確な方針転換に加え、自社の事業にとってディスラプティブ（破壊的）な変化をもたらす可能性のあるソリューションを保有する企業への投資を行う部署を立ち上げている。また、社内に IT に関する事業を推進するための部門を、外部のパートナーを迎え入れる形で立ち上げた。具体的には、Engie 社は 2016 年に C3IoT 社のプラットフォームを活用することを発表したが、全社のデジタル化を強力に推進するために、分析やデータ解析に長け、かつ Engie 社の業務にも精通した 100 人の専任部署を立ち上げている。

　一方で、提携・買収を行う際の前提条件（ターゲット分野、ターゲット

図 37　エネルギー業界と情報通信業界の時価総額変化

エネルギー業界		情報通信業界	
2007年	2016年	2007年	2016年
1位 東京電力ホールディングス	国際石油開発帝石	1位 NTTドコモ	NTTドコモ
2位 国際石油開発帝石	JXTGホールディングス	2位 NTT	NTT
3位 関西電力	関西電力	3位 ヤフー	ソフトバンクグループ
4位 中部電力	東京ガス	4位 KDDI	KDDI
5位 東北電力	中部電力	5位 ソフトバンクグループ	ヤフー
6位 九州電力	大阪ガス	6位 楽天	楽天
7位 東京ガス	東北電力	7位 ディー・エヌ・エー	LINE
8位 大阪ガス	東京電力ホールディングス	8位 ミクシィ	スタートトゥデイ
9位 中国電力	出光興産	9位 スカパーJSATホールディングス	ミクシィ
10位 四国電力	九州電力	10位 カカクコム	サイバーエージェント

*エネルギー業界は、電力業界、石油・ガス業界を含む
*情報通信業界は、通信インフラ、情報メディア業界を含む
*2016年段階で上場している企業をベースに2007年と2016年のランキングを作成

出所）各社公開資料などをもとに野村総合研究所作成

企業、投資規模、投資条件など）や、交渉を打ち切る条件（検討期間、対象企業のコントロール権限など）をあらかじめ決めておくことも、意思決定を迅速に行うために有効であると考えられる。また、社内で意思決定を行うメンバーへの答申資料のフォーマットを決めておくこともひとつの手段である。

　意思決定のスピードを上げるために、権限委譲を進めることも想定される。最近は、シリコンバレーなどのベンチャー企業集積地に事務所を開設し、投資資金を渡したうえで、現地で投資判断する取り組みを行っている日本企業も存在している。このような企業では、現地が予算を保有し、投資決定までできるため、投資サイクルのスピードが速くなり、市場関係者からの評価も上がり、より良い案件が持ち込まれるようになっている。

制度設計への関与

　日本企業が乗り越えるべきもうひとつの課題として、政策への働きかけが挙げられる。具体的には、制度状況を把握するためのチームの組成と、ロビー活動チームを通じた政府・自治体への働きかけが想定される。

　こうした働きかけを通じて事業開発に成功した事例として、Siemens 社の例が挙げられる。Siemens 社はターゲットとした都市に対する責任者を定め、その責任者が、それぞれの都市の課題を把握して攻略シナリオを描き、それに基づいて多様な事業領域を横断した提案を行う「City Account Management」や、政府・自治体に対して提案を持ち込む際に専門的知見を活かして、その設計を担う「Center of Competence (for City Management)」といった仕組み・機構を構築している。

　日本企業で頻繁に見られる課題は、こうした活動は実施するものの、中途半端なものに留まってしまうことである。事業部門の営業担当者や、営業をサポートする技術営業担当者に、顧客への日々の営業活動と並行して政府・自治体への働きかけを求めても、どうしても日々の活動が優先されて継続的な活動として定着せず、成果を出せないまま「無駄な活動であっ

た」と認識されてしまう。また、経営層による表敬訪問や、マーケティング担当による基礎情報収集活動程度では、ターゲットの本当の課題を把握して先取りした提案を行うには至らない。

　Siemens 社は、ターゲットのそれぞれの役職に対して専門性の高い人材を専任者として配置し、こうした人材が政府・自治体に対してプロアクティブな働きかけを行うことで、商談が発生する前の制度・方針づくりの段階から自社に有利な状況を作り上げることに成功している。加えて同社は、トップ営業も疎かにしていない。事業部門責任者に地域責任者も兼務させることで、トップ営業を行い、安くするといった工夫も施している。例えば、2018 年 1 月時点では、エネルギー管理部門の責任者である Cedrik Neike 氏は、アジアとオーストラリア部門の責任者でもある。

　このように、政府・自治体への働きかけを片手間の業務として位置づけるのではなく、固有の専門性を持つ担当者が専務者として活動する仕組みを構築し、それを事業部門がサポートする体制を構築することで、制度設計への関与を実現することができる。

　本書で述べてきたとおり、今後、エネルギーシステムは大きく変貌していくことが想定される。日本企業は、このエネルギー業界の変化をチャンスと捉え、課題を乗り越えて事業機会を獲得していくことが期待される。

〈謝辞〉

　本書を執筆したメンバーは、野村総合研究所において、民間企業や政府を顧客にエネルギービジネスに関するコンサルティングを提供することを仕事としている。そして、日常業務と並行する形で、社内の研究プロジェクトとして、今後のエネルギー業界の展望を描く取り組みを行ってきた。

　本書では、なるべく多くの先進市場の萌芽事例と、その類型化を行うことを意識した。そこには、エネルギー業界が大きく変わる渦中で、日本企業が、その変化に適応し、グローバル市場をリードしていってほしいという思いがあった。そのため、本書がエネルギー業界を支える皆様の今後の選択や決断に寄与できれば幸いである。

　最後に、本書を取りまとめるに際し、社内外のさまざまな方々からご支援をいただいた。ここに改めて感謝の意を示したいと思う。社外では、海外のベンチャー企業や有識者の方々に議論にお付き合いいただいた。社内では、先輩や同僚らから新たな観点や知見を得た。また、本書を刊行するにあたりエネルギーフォーラム出版部の山田衆三氏には、企画段階からご支援いただき、構成や内容に関して適宜アドバイスいただいた。改めて感謝申し上げる。

2018 年 4 月吉日

〈参照文献一覧〉

1. **EvansDave** The Internet of Things : How the Next Evolution of the Internet Is Changing Everything. 2011.
2. **German Energy Agency** Security and reliability of a power supply with a high percentage. 2013.
3. **ドイツ投資庁** The German Network Development Plan. 2017.
4. **発電コスト検証ワーキンググループ** 長期エネルギー需給見通し小委員会に対する発電コスト等の検証に関する報告 . 2015.
5. **International Energy Agency** Global EV Outlook 2017.
6. **資源エネルギー庁** 電気自動車充電サービスの電気事業法上の取扱いについて . 2010.
7. **ドイツ投資庁ヒアリング**
8. **E.ON** E.ON Facts and Figures 2017.
9. **Con Edison** Annual Report for Con Edison 2016.
10. **Pacific Gas and Electric** Joint Annual Report to Shareholders 2016.
11. **Constellation** Constellation Media Fact Sheet.
12. **Engie 社ウェブサイト**
13. **Enel** Enel Annual Report 2016.
14. **Centrica** Centrica Annual Report and Accounts 2016.
15. **独立行政法人新エネルギー・産業技術総合開発機構** 太陽光発電開発戦略 . 2014.

〈略語集〉

AI	Artificial Intelligence
AMI	Advanced Metering Infrastructure
BESS	Battery Energy Storage System
CESA	California Energy Storage Association
CHP	Combined Heat and Power
CPUC	California Public Utilities Commission
DER	Distributed Energy Resources
DERMS	Distributed Energy Resource Management System
DoD	Depth of Discharge
DOE	Department of Energy
DR	Demand Response
DRMS	Demand Response Management System
EMS	Energy Management System
ESPC	Energy Saving Performance Contract
EV	Electric Vehicle
EVPS	Electric Vehicle Power Station
FERC	Federal Energy Regulatory Commission
GMS	General Merchandising Store
HEMS	Home Energy Management System
IEA	International Energy Agency
IT	Information Technology
MDMA	Meter Data Management Agent
MDMS	Meter Data Management System
M&V	Measurement and Verification
OT	Operation Technology
PCS	Power Conditioning System
PEA	Power Efficiency Agreement
PPA	Power Purchase Agreement
P2P	Peer to Peer
REV	Reforming the Energy Vision
RPS	Renewables Portfolio Standard
SGIP	Self Generation Incentive Program
SoC	State of Charge
TPO	Third Party Ownership
VPP	Virtual Power Plant
V2G	Vehicle to Grid
ZEV	Zero Emission Vehicle

〈著者紹介〉

滝 雄二朗（たき・ゆうじろう）

㈱野村総合研究所　グローバルインフラコンサルティング部
エネルギー・環境グループ　グループマネジャー　上級コンサルタント

1982 年、愛知県生まれ。2005 年に早稲田大学商学部卒業後、野村総合研究所に入社。主にエネルギー分野の事業戦略立案、営業改革、業務改革支援、M&A・アライアンス戦略支援に加え、政府・官公庁の政策立案などに従事。これまでに『進化する電力システム－市場フロンティアとビジネスモデル革新－』（2012 年 8 月、東洋経済新報社）などを分担執筆。

佐藤 仁人（さとう・よしひと）

㈱野村総合研究所　グローバルインフラコンサルティング部　主任コンサルタント

1984 年、熊本県生まれ。2010 年に早稲田大学創造理工学部卒業後、野村総合研究所に入社。主にエネルギー関連の事業者や政府に対するコンサルティングサービスの提供に従事。

前田 一樹（まえだ・かずき）

㈱野村総合研究所　グローバルインフラコンサルティング部　副主任コンサルタント

1988 年、カナダ・オンタリオ州生まれ。2013 年に東京大学大学院工学系研究科システム創成学専攻修了後、野村総合研究所に入社。主にエネルギー分野の事業戦略立案、政府・官公庁の政策立案などに従事。

向井 肇（むかい・はじめ）

㈱野村総合研究所　グローバルインフラコンサルティング部　プリンシパル

1977 年、三重県生まれ。2003 年に大阪大学大学院工学研究科環境・エネルギー工学専攻修了後、野村総合研究所に入社。主に社会インフラ・エネルギー分野の事業戦略立案、営業機能・投資／リスクマネジメント機能等改革支援、政府・官公庁の政策立案などに従事。

Arpit Agarwal（アルピット・アグラワル）

NRI インド　事業戦略コンサルティング部　マネジャー

1982 年、インド生まれ。2013 年に University of Petroleum and Energy Studies にて MBA 修了。KPMG、McKinsey & Company を経て NRI インドに入社。主に電力、ユーティリティ、オイル＆ガス、バッテリー関連領域で戦略立案プロジェクトに従事。2017 年 1 月の「インド・日本エネルギーフォーラム」にてプレゼンテーターを務める。

Ashu Bapna（アシュ・バプナ）

NRI インド　事業戦略コンサルティング部　コンサルタント

1993 年、インド生まれ。2016 年にインド工科大学ムンバイ校卒業後、NRI インド入社。主にエネルギー、都市開発、航空・宇宙分野の事業開発、投資戦略、Go to Market 戦略のプロジェクトに従事。

エネルギー業界の破壊的イノベーション

2018年 6 月 9 日　第一刷発行
2020年 8 月23日　第四刷発行

著　者　　株式会社野村総合研究所

発行者　　志賀正利

発行所　　株式会社エネルギーフォーラム
　　　　　〒104-0061 東京都中央区銀座 5-13-3　電話 03-5565-3500

印刷・製本所　　錦明印刷株式会社

ブックデザイン　　エネルギーフォーラム デザイン室

定価はカバーに表示してあります。落丁・乱丁の場合は送料小社負担でお取り替えいたします。